ZHONGDENG ZHIYE XUEXIAO
QICHELEI ZHUANYE GUIHUA JIAOCAI

中等职业学校汽车类专业规划教材

汽车文化

主　编：苏　畅　罗　林
副主编：司晓露　赵茂林
主　审：石光成　李朝东　陈　刚
参　编：吴国强　陆　瑞　刘晓华　刘　军
夏　坤　李佳兰　谭　晟　曾林育
沈光毅　沈润鸣　曹　燕　杨　浩
吴　幽　刘晓华　肖　江　张　红
周林鑫　汪　龙　马芝富

国家一级出版社
全国百佳图书出版单位
西南师范大学出版社
XINAN SHIFAN DAXUE CHUBANSHE

内容简介

本书的内容主要包括世界汽车发展历程、中国汽车发展简史、汽车公司企业文化、解读汽车标志的秘密、汽车名人、赛车运动、汽车艺术、汽车广告、汽车技术沿革等方面。该书通过时间节点的串接，让历史与文化有机地结合在一起，将专业文化知识通过故事性描述，图文并茂，让学生记忆更容易。

本书不仅可作为中等职业学校的汽车专业基础教材，也能作为汽车销售、汽车维修行业的员工的培训教材，更是汽车文化有兴趣的读者了解汽车的首选读物。

图书在版编目(CIP)数据

汽车文化/苏畅，罗林主编.—重庆：西南师范大学出版社，2012.8(2019.7 重印)

中等职业学校汽车类专业规划教材

ISBN 978-7-5621-5810-3

Ⅰ.①汽… Ⅱ.①苏…②罗… Ⅲ.①汽车－文化－中等专业学校－教材 Ⅳ.①U46－05

中国版本图书馆 CIP 数据核字(2012)第 119552 号

汽车文化

主　　编：苏　畅　罗　林
主　　审：石光成　李朝东　陈　刚

策　　划：刘春卉　杨景罡
责任编辑：曾　文
封面设计：雷　桥
出版发行：西南师范大学出版社
　　　　　(重庆·北碚　邮编：400715
　　　　　网址：www.xscbs.com)
印　　刷：重庆市正前方彩色印刷有限公司
幅面尺寸：185mm×260mm
印　　张：10.25
字　　数：260 千字
版　　次：2012 年 8 月　第 1 版
印　　次：2019 年 7 月　第 8 次印刷
书　　号：ISBN 978-7-5621-5810-3

定　　价：29.00 元

尊敬的读者，感谢您使用西师版教材！如对本书有任何建议或要求，请发送邮件至 xszjfs@126.com。

序言

XUYAN

随着我国经济发展和产业结构的调整，职业教育越来越凸现出其重要性，大力发展职业教育是当今举国之策，重庆市在这大背景下，下发了《中共重庆市委重庆市人民政府关于大力发展职业技术教育的决定》(渝委发〔2012〕11号)文件。该文件对培养现代制造业、现代服务业的高素质技能型紧缺人才的现代职业教育的发展起到了很大的政策支撑和引领作用。

由于汽车产业的快速发展，尤其是现代汽车新技术、新工艺的广泛应用，对汽车制造和汽车后市场人才的要求越来越高。然而，目前许多中职学校汽车运用与维修专业的办学软硬件设施还没有和市场真正接轨，没有适合学生的职业发展规律，更没有结合学校自身的实际情况。最为突出的是在专业教学方面，存在课程体系不合理、教学内容陈旧、教学方法落后等问题，完全不能满足现代汽车产业岗位职业能力培养的需求。

为了更好地满足中等职业学校汽车类专业的教学要求，体现职业教育特色，促进汽车专业人才的培养，我们一线教师和行业专家在广泛调研和深入实践的基础上，按“项目引领、任务驱动”的最新教学理念编写了这套中等职业学校汽车类专业教材。本系列教材共计17本，分别为《汽车文化》《汽车维修机械基础》《汽车维修基本技能》《汽车发动机基础维修》《汽车底盘基础维修》《汽车电气设备构造与维修》《汽车发动机电控系统检修》《汽车底盘电控技术》《汽车电工电子》《汽车车身电控技术》《汽车故障诊断与排除》《汽车维护与保养》《汽车美容与装饰》《汽车车身修复》《汽车维修涂装技术》《汽车评估》《汽车中级技能培训》。

本套教材是以市场人才需求为导向，围绕学生职业能力培养，结合中职学生职业教育规律进行编写的。其主要特点如下：

1. 根据学生岗位职业和发展，教材体系体现了“宽、专、精”三个不同层面的内涵。提炼、整合了传统专业基础课程，拓宽专业基础知识、技能的实用性，满足不同岗位的需要；针对不同工种的工作需求，编写了不同工种的专门化核心专业课程；依据“知识够用、技能实用”原则，精细打造课程，实现与实际岗位工作任务无缝对接。

2. 专业课程体例是按“任务驱动的‘理实一体化’”模式编写的，体现了以完成工作任务为目的、以应用为中心的职业技能教育特点，实施了“学中做，做中学”的理论与实践相结合的教学理念。

3. 课程内容满足专业能力培养的需要。坚持“必需、够用”的原则，内容严谨、容量适宜、难易得当。

4. 结合了汽车行业职业技能考核的要求，注重培养“双证”技能型人才。

5. 注重学生职业道德与情感的培养，树立安全和环保的意识。

本套教材是在充分调研和深入实践的情况下，在重庆市多所职业学校和相关高校的一线专业课教师、“双师型”教师共同参与下研发、编写而成。这将更能体现其在实际教学中的适用性和地方特色，满足中职学校汽车运用与维修专业的人才培养要求，从而推动地方职业教育的教学改革，为我国汽车产业发展发挥积极的作用。

前言

QIANYAN

汽车已经走过了一百多年的历史，一代代先驱们见证了汽车工业的发展，汽车技术日新月异，但历史总是能给人以启迪，了解过去、正视现在、规划将来，才能在这一行业里踏实地走好每一步。

随着国家对职业教育的重视，各中等职业学校将更多的人力、物力投入到了教学环境的建设中，汽车专业由于汽车产品市场的强力支撑，更是得到了空前的发展。但技术只是这个专业的一个方面，富有内涵的素质教育，才能真正成就行业精英。本书基于当前职业教育的教学需求，按照"项目驱动、任务引领"的最新教学理念，将汽车专业技术以外的知识，通过提炼，使学生了解学习汽车技术的真正含义和价值。

本书的内容主要包括走近汽车、世界汽车发展历程、中国汽车发展简史、汽车公司企业文化、解读汽车标志的秘密、汽车名人、赛车运动、汽车艺术、汽车广告、汽车技术沿革等方面，通过创新的表达手法和通俗的文字表述，让一个不懂汽车的人，也能通过书中的介绍去了解汽车，激发学生的学习兴趣，拓展专业文化视野，更能激起大家的民族责任感，树立勤奋学习的信心以及从事汽车行业的决心。

本书通过时间节点的串接，让历史与文化有机地结合在一起，将专业文化知识通过故事性描述，让学生记忆更容易。本书采用了大量的图片，以最直观的方式将所要表达的知识点呈现在读者面前，通过相关的"知识链接""想一想""知识窗"等小栏目，让大家在学习重点知识的同时，了解到更多的拓展信息。

本书希望将汽车文化全面深入地播撒到每一个人的心中，不仅可作为中等职业学校的汽车专业基础教材，也能作为汽车销售、汽车维修行业的员工的培训教材，更可以作为对汽车文化有兴趣的读者了解汽车的首选读物。

本课程的教学课时参考数为60学时，以下学时分配仅供参考。

项目	项目内容	参考课时
项目一	走近汽车	3
项目二	世界汽车发展历程	5
项目三	中国汽车发展简史	6
项目四	汽车公司企业文化	8

(续表)

项目	项目内容	参考课时
项目五	解读汽车标志的秘密	8
项目六	汽车名人	10
项目七	赛车运动	5
项目八	汽车艺术	5
项目九	汽车广告	4
项目十	汽车技术沿革	6
总课时		60

本书由苏畅、罗林担任主编,编写了项目一和项目二;吴国强编写了项目三;陆瑞编写了项目四;赵茂林编写了项目五;刘军编写了项目六;夏坤编写了项目七;司晓露编写了项目八;李佳兰编写了项目九;谭晟编写了项目十;参与编写的还有沈光毅、沈润鸣、曹燕、杨浩、吴幽、刘晓华、肖江、张红、周林鑫、汪龙、马芝富等。本书的编写不仅得到了重庆立信职业教育中心领导和教务科的大力支持,更是得到汽车专业部相关教师的配合与帮助,在此一并表示衷心的感谢!

由于编者水平有限,加之时间仓促,书中存在的错误和不当之处,敬请广大读者批评指正。

目　录

项目一 走近汽车

【学习目标】

- ➢ 了解汽车的定义及相关概念
- ➢ 了解汽车类型和分类方法
- ➢ 掌握车身识别代码含义

任务一　什么是汽车

“汽车”(auto，automobile；Vehicle)

英文原译为“自动车”，在日本也称“自动车”(日本汉字中的汽车则是指我们所说的火车)，其他文种也多是“自动车”，在中国译为了“汽车”。

图 1-1　客车

图 1-2　轿车

图 1-3　越野车

图 1-4　货车

(1)我国汽车定义

国家最新标准 GB/T3730.1—2001 对汽车的定义：由动力驱动，具有四个或四个以上车轮的非轨道承载的车辆。主要用途：载运人员和(或)货物，牵引载运人员和(或)货物的车辆，以及特殊用途。

汽车是指由自身装备的动力装置驱动，一般具有四个或四个以上车轮，不依靠轨道或架线而在陆地上行驶的车辆。汽车通常被用作载运乘客、货物或牵引客车、货车、挂车，也有为完成特定运输任务或作业任务而将其改装或经装配了专用设备而成的专用车辆，但不包括专供农业使用的机械。全挂车和半挂车并无自带动力装置，他们与牵引汽车组成汽车列车时才属于汽车范畴。

(2)其他国家汽车定义

美国汽车工程师学会标准 SAEJ687C 中对汽车的定义是：由本身动力驱动，装有驾驶装置，能在固定轨道以外的道路或地域上运送乘客、货物或牵引车辆的车辆。

日本工业标准 JISD0101 中对汽车的定义是：自身装有发动机和操纵装置，不依靠固定轨道和架线能在陆上行驶的车辆。

任务二　汽车如何分类

汽车按总体结构分为单车和列车。单车是基本形式，常用 4×2、6×4、4×4、6×6 等符号表示驱动特点，前一个数字代表车轮总数(双胎并装仍算一个车轮)，后一个数字表示驱动轮数，如所有车轮均为驱动轮即称为全轮驱动汽车。列车是由牵引车或单车拖带挂车或半挂车组成。

汽车按用途一般可分为八大类，即载货汽车(俗称卡车)、越野汽车、自卸汽车、牵引汽车、专用汽车、客车、轿车和半挂车(专用半挂车)。

(1)载货汽车(图 1-5)：依公路运行时厂定最大总质量(G_{max})划分为

微型货车(G_{max}≤1.8 吨)

轻型货车(1.8 吨<G_{max}≤6 吨)

中型货车(6 吨<G_{max}≤14 吨)

重型货车(G_{max}>14 吨)

(2)越野汽车(图 1-6)：依越野运行时厂定最大总质量(G_{max})划分为

轻型越野汽车(G_{max}≤5 吨)

中型越野汽车(5 吨<G_{max}≤13 吨)

重型越野汽车(13 吨<G_{max}≤24 吨)

超重型越野汽车(G_{max}>24 吨)

图 1-5　货车

图 1-6　越野车

(3)自卸汽车(图 1-7)：依公路运行时厂定最大总质量(G_{max})划分为

轻型自卸汽车(G_{max}≤6 吨)
中型自卸汽车(6 吨<G_{max}≤14 吨)
重型自卸汽车(G_{max}>14 吨)
矿山自卸汽车(G_{max}≥20 吨)
(4)牵引车(图 1-8):专门用于牵引挂车的汽车,半挂牵引后部设有牵引座,划分为
半挂牵引车
全挂牵引车

图 1-7 自卸汽车

图 1-8 牵引车

(5)专用汽车(图 1-9):用于完成特定任务,根据使用要求设计或改装,如
集装箱汽车、罐式汽车
起重举升汽车、公安消防车
救护车、专用自卸汽车
(6)客车(图 1-10):依车长(L)划分为
微型(L≤3.5 米)
轻型(3.0 米<L≤7 米)
中型(7 米<L≤10 米)
大型客车(L>10 米)和特大型客车
特大型客车指铰接和双层客车

图 1-9 专用汽车

图 1-10 客车

(7)轿车(图 1-11):依发动机排量(V)划分为
微型轿车(V≤1 升)
普通轿车(1 升<V≤1.6 升)
中级轿车(1.6 升<V≤2.5 升)

中高级轿车(2.5 升<V≤4 升)

高级轿车(V>4 升)

(8)半挂车(图 1-12):依公路运行时厂定最大总质量(G_{max})划分为

轻型半挂车(G_{max}≤7.1 吨)

中型半挂车(7.1 吨<G_{max}≤19.5 吨)

重型半挂车(19.5 吨<G_{max}≤34 吨)

超重型半挂车(G_{max}>34 吨)

图 1-11　轿车

图 1-12　半挂车

任务三　汽车的身份证

车辆识别代号就是汽车的身份证号,它根据国家车辆管理标准确定,包含了车辆的生产厂家、年代、车型、车身类型及代码、发动机代码及组装地点等信息。

车辆识别代号(VIN),VIN 是英文 Vehicle Identification Number(车辆识别码)的缩写。因为 ASE(Automotive Service Excellence)标准规定:VIN 码由十七位字符组成,所以俗称十七位码。正确解读 VIN 码,对于我们正确地识别车型,对汽车的故障进行正确的诊断和维修都是十分重要的。

车辆识别代号由三部分组成,如图 1-13 所示:

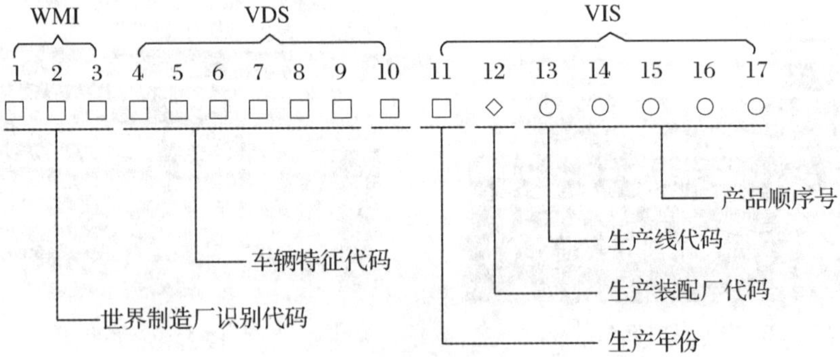

图 1-13　车辆识别代号

□表示大写英文字母或数字(I、O、Q 不能用)　◇表示大写英文字母　○表示数字

1.第 1～3 位(WMI):生产国家代码、汽车制造商代码、汽车类型代码。

①第 1 位:生产国家或地区代码

代码	国家或地区	代码	国家或地区	代码	国家或地区	代码	国家或地区
1～5	北美	6～7	大洋洲	10～19	美国	L0～L9	中国
S～Z	欧洲	8～9	南美洲	1A～1Z	美国	LA～LZ	中国
A～H	非洲	0	南美洲	W0～W9	德国		
J～R	亚洲			WA～WZ	德国		

②第 2 位:汽车制造商代码

代码	品牌	代码	品牌	代码	品牌
1	Chevrolet(雪佛兰)	2	Pontiac(庞蒂亚克)	3	Oldsmobile(奥兹莫比尔)
B	BMW(宝马)	B	Dodge(道奇)	D	Mercedes-Benz(梅赛德斯-奔驰)
M	Hyundai(现代)	M	Mitsubishi(三菱)	N	Infiniti(英菲尼迪)
C	Chrysler(克莱斯勒)	4	Buick(别克)	N	Nissan(日产)
6	Cadillac(凯迪拉克)	F	Ford(福特)	8	Saturn(土星)
T	Lexus(雷克萨斯)	8	Isuzu(五十铃)	H	Acura(讴歌)
T	Toyota(丰田)	H	Honda(本田)	A	Alfa Romeo(阿尔法·罗米欧)
V	Volkswagen(大众)	J	Jeep(吉普)	V	Volvo(沃尔沃)
A	Jaguar(捷豹)	L	Daewoo(大宇)	L	Lincoln(林肯)
Z	Mazda(马自达)	A	Audi(奥迪)	G	属于通用汽车品牌
由于代码有限,一个代码可能为多个公司共用。					

③第 3 位:汽车类型代码

代码	厂商	代码	厂商	代码	厂商
TRU	Audi(奥迪)	WAU	Audi(奥迪)	SAJ	Jaguar(捷豹)
1YV	JM1Mazda(马自达)	VF3	Peugeot(标致)	WP0	Porsche(庞蒂亚克)
4US	BMW(宝马)	WBA	BMW(宝马)	WBS	BMW(宝马)
KMH	Hyundai(现代)	2HM	Hyundai(现代)	WDB	Benz(梅赛德斯-奔驰)
SAL	Land Rover(路虎)	YK1	Saab(萨博)	YV1	Volvo(沃尔沃)
(不同的厂商有不同的解释)有些厂商可能使用前 3 位组合代码表示特定的品牌。					

2.第 4～8 位(VDS):车辆特征代码。

车型种类	特征包含内容
轿车	种类、系列、车身类型、发动机类型及约束系统类型
MPV	种类、系列、车身类型、发动机类型及车辆额定总重
载货车	型号或种类、系列、底盘、驾驶室类型、发动机类型、制动系统及车辆额定总重
客车	型号或种类、系列、车身类型、发动机类型及制动系统

3.第 9 位:校验位。

4.第 10 位:车型年款。由 21 个英文字母和 9 个数字组成,30 年轮换一次。

代码	时间	代码	时间	代码	时间	代码	时间	代码	时间
B	1981	C	1982	D	1983	E	1984	F	1985
G	1986	H	1987	J	1988	K	1989	L	1990
M	1991	N	1992	P	1993	R	1994	S	1995
T	1996	V	1997	W	1998	X	1999	Y	2000
1	2001	2	2002	3	2003	4	2004	5	2005
6	2006	7	2007	8	2008	9	2009	A	2010

5.第 11 位:总装工厂代码。

6.第 12～17 位:出厂顺序号。

不同国家或汽车生产厂家,其 VIN 码含义有细微的不同。在不同的车型上,VIN 码的位置也有区别,下面举几个例子具体说明:

日本丰田汽车公司凌志轿车VIN
第一位:生产国别代码
第二位:生产厂家代码
第三位:车型类别代码
第四位:发动机型号代码
第五位:车型代码
第六位:车型与型号代码
第七位:系列/级别代码
第八位:车身类型代码
第九位:VIN检验数代码
第十位:车型年款代码
第十一位:总装工厂代码
第十二位:出厂顺序号代码

图1-14 车辆识别代号(车身上)

德国奔驰汽车公司轿车VIN
第一位:生产国别代码
第二位:生产厂家代码
第三位:生产厂家代码
第四位:车身及底盘系列代码
第五位:发动机类型代码
第六位:车型代码
第七位:车型代码
第八位:乘员安全保护装置代码
第九位:VIN检验数代码
第十位:车型年款代码
第十一位:总装工厂代码
第十二位:出厂顺序号代码

美国福特汽车公司轿车VIN
第一位:生产国别代码
第二位:生产或归口部门代码
第三位:车型类别代码
第四位:乘员安全保护装置代码
第五位:车型系列代码
第六位:车身类型代码
第七位:车身类型代码
第八位:发动机型号代码
第九位:VIN检验数代码
第十位:车型年款代码
第十一位:总装工厂代码
第十二位:出厂顺序号代码

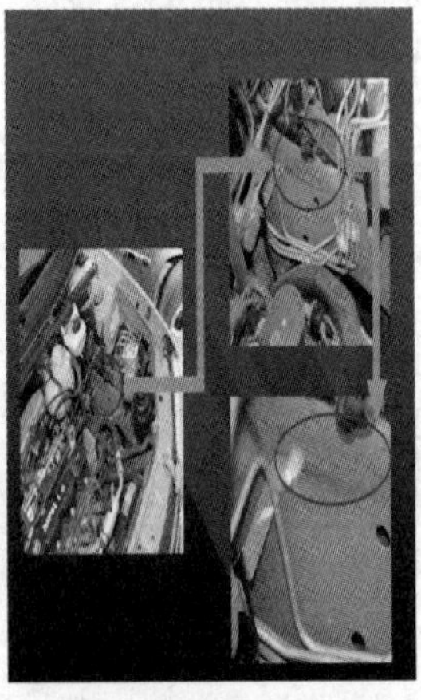

图1-15 别克赛欧SRN VIN代码

德国宝马汽车公司轿车VIN
第一位:生产国别代码
第二位:生产厂家代码
第三位:车型及种类代码
第四位:车型代码
第五位:车型代码
第六位:车型代码
第七位:发动机型号代码
第八位:乘员安全保护装置代码
第九位:VIN检验数代码
第十位:车型年款代码
第十一位:总装工厂代码
第十二位:出厂顺序号代码

【知识窗】

车型标牌(包含 VIN)的位置

1. 除挂车和摩托车外,标牌应固定在门铰链柱、门锁柱或与门锁柱接合的门边柱子上,接近于驾驶员座位的地方;如果没有这样的地方可利用,则固定在仪表板的左侧。如果那里也不能利用,则固定在车门内侧靠近驾驶员座位的地方。

2. 标牌的位置应当是除了外面的车门外,不移动车辆的任何零件就可以容易读出的地方。

3. 我国轿车的 VIN 码大多数可以在仪表板左侧、挡风玻璃下面找到。

【项目小结】

1. 汽车是由动力驱动,具有四个或四个以上车轮的非轨道承载的车辆。主要用途:载运人员和(或)货物,牵引载运人员和(或)货物及其他特殊用途。

2. 汽车按用途可分为乘用车和商用车两种。

3. 根据不同的用途对汽车进行分类。

4. 车辆识别代号(VIN),由十七位字符组成,所以俗称十七位码,具有唯一识别性。正确解读 VIN 码,对于我们正确地识别车型,对汽车的故障进行正确地诊断和维修都是十分重要的。

5. 不同厂商的识别码有细微差别,学会使用代码查询,可得到正确的车辆信息。

【想一想】

1. 除了列举出来的,还有哪些属于专用汽车?

2. 识别码:WDB1400511A027807,你能说出它的含义吗?

3. 根据所学知识,自己填出符合规律的车辆识别码。

4. 为什么在编码中,字母 I、O、Q 不能用?

【练一练　记一记】

1. 汽车是指由________驱动,具有________个或________个以上车轮的________承载的车辆。

2. 依发动机排量划分:中级轿车的排量应为________升$<V\leq$________升。

3. 汽车的身份证号称为__________________,它是由________位字母和数字组成。

4. 一辆 1993 年生产的汽车,在 VIN 码里,应当用字母________表示。

5. 微型客车是指车长小于______________。

项目二
世界汽车发展历程

【学习目标】

- 了解汽车的产生和年代背景
- 了解汽车对工业革命的影响
- 了解技术革新的原因

您见过这些车吗？

图 2-1　最早的三轮汽车

图 2-2　最早的四轮汽车

图 2-3　早期的老爷车

图 2-4　早期的汽车

图 2-5　时尚跑车

图 2-6　概念车

任务一 汽车的发明

汽车自诞生以来，已经走过了一百多年的历史。从卡尔·本茨造出的第一辆三轮汽车以每小时 16 千米的速度，跑到现在，竟然诞生了从速度为 0 加速到每小时 100 千米只需要 2.8 秒的超级跑车。这一百余年，汽车发展的速度是如此惊人！同时，汽车工业也造就了多位巨人，他们一手创建了通用、福特、丰田、本田这样一些在各国经济中举足轻重的著名公司。让我们一起来回望这段历史，品味其中的辛酸与喜悦，体会汽车给我们带来的种种欢乐与梦想。

1879 年德国工程师卡尔·本茨(Karl Benz)，首次成功试验一台二行程发动机。1883 年 10 月，他创立了“本茨公司和莱茵煤气发动机厂”。

1886 年，卡尔·本茨制成了世界上第一辆三轮汽车(图 2-7)，他将一台二行程单缸 0.9 马力(1 马力=735.499 W，以下同)的汽油机安置在一辆三轮马车前后轮之间的底盘上。此车具备了现代汽车的一些基本特点，如火花点火、水冷循环、钢管车架、钢板弹簧悬架、后轮驱动，前轮转向和制动手把等。1886 年 1 月 29 日，卡尔·本茨的汽车在德国曼海姆市申请并获得了发明专利。所以，1886 年 1 月 29 日被公认为汽车的诞生日。

图 2-7 世界上第一辆三轮汽车

几乎同时，德国工程师戈特利布·戴姆勒(Gottlieb Daimler)在威尔赫姆·迈巴赫(Wilhelm Maybach)的协助下，于 1886 年在巴特坎施塔特制成了世界上第一辆“无马之车”。该车是在买来的一辆四轮“美国马车”上装上他们制造的功率为 1.1 马力、转速为每分钟 650 转的发动机后，以每小时 18 千米的当时所谓“令人窒息”的速度从斯图加特驶向康斯塔特，世界上第一辆汽油发动机驱动的四轮汽车就此诞生了。

图 2-8 世界上第一辆四轮汽车

1887 年卡尔·本茨把三轮汽车卖给了一个法国巴黎人，这也成为世界上第一辆成品汽车的销售记录。由于这种三轮汽车设计可靠，选材和制造精细，受到了好评，销路日广。

18 世纪末 19 世纪初，早期的汽车在材料、技术、颜色方面均有较大的发展与突破，不少设计理论与观念对当今的汽车行业仍有重要指导意义。

材料方面：1900 年金属车身获得专利，但主体结构仍是木材和连接它们的钢材；20 世纪初，约翰·皮尔庞特·摩根(John Pierpont Morgan)创建了美国钢铁公司，为迅速成长的汽车工业提供充足原料；1914 年爱德华·巴德(Edward Budd)发明了全金属车身，同年道奇公司生产了第一辆全金属汽车；1918 年意大利蓝旗亚公司也开始生产全金属汽车，非承载式车身向承载式车身转变，汽车不再是底盘和车身的简单叠加，而是成为了一个有机的整体。

技术方面:1890 年法国潘哈德和勒瓦索尔机械制造公司制造的第一批汽车为后来汽车设定了很多标准并沿用至今,如前置发动机后轮驱动布局和最早的变速器;1904 年潘哈德和勒瓦索尔机械制造公司又对汽车布局作出了注解,包括发动机舱罩的身高和乘客座位的降低等,勾勒出了现代汽车雏形。

颜色方面:早期汽车只有黑色,1924 年庞蒂亚克前身奥克兰汽车公司与杜邦油漆公司合作,推出了第一辆彩色汽车(蓝色),从此让汽车的世界五彩缤纷起来。于是才有了我们今天看到的各种颜色的汽车。

图 2-9 红色车

图 2-10 蓝色车

图 2-11 黄色车

图 2-12 绿色车

任务二 汽车对工业革命的影响

第二次工业革命起于 19 世纪 70 年代,1870 年以后,科学技术的发展突飞猛进,各种新技术、新发明层出不穷,并被迅速应用于工业生产,大大促进了经济的发展。当时,科学技术的突出发展主要表现在四个方面,即电力的广泛应用、内燃机和新交通工具的创制、新通讯手段的发明、化学工业的建立。控制论创始人诺伯特·维纳(Norbert Wiener)提出的第二次工业革命典型特征为自动化。

第二次工业革命以电力的广泛应用为显著特点。从十九世纪六七十年代开始,出现了一系列电气发明。1866 年德国人西门子(Siemens)制成发电机,1870 年比利时人格拉姆(Gramme)发明电动机,电力开始用于带动机器,成为补充和取代蒸汽动力的新能源。电力工业和电器制造业迅速发展起来。从此,人类跨入了电气时代。

1831 年,英国科学家法拉第(Faraday)发现电磁感应现象,根据这一现象,科学家们对电作了深入的研究。在进一步完善电学理论的同时，科学家们开始研制发电机。1866 年，德国科学家西门子制成一部发电机，后来几经改进，逐渐完善，到 19 世纪 70 年代，实际可用的发电机问世。随后，电动机的发明，实现了电能和机械能的互换。后来，电灯、电车、电钻、电焊机等电器产品如雨后春笋般地涌现出来。

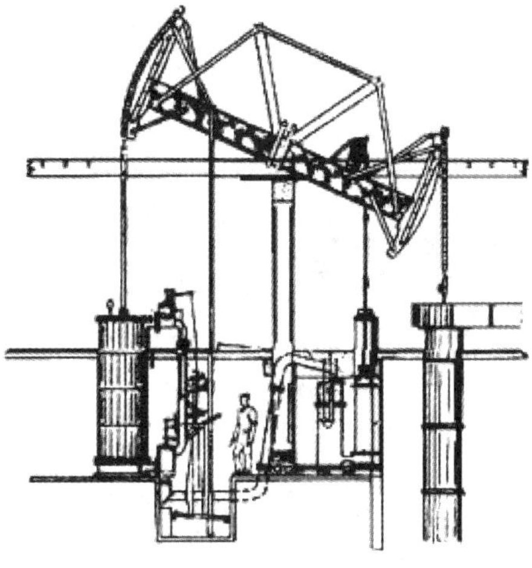

图 2-13 瓦特的早期蒸汽机

第二次工业革命的又一重大成就是内燃机的创制和使用。蒸汽机已经不能再满足工业的需要，十九世纪七八十年代，以煤气和汽油为燃料的内燃机相继诞生，19 世纪 90 年代柴油机创制成功。内燃机的发明解决了长期困扰人类的动力不足的问题。1885 年，德国人卡尔·本茨成功地制造了第一辆由内燃机驱动的汽车。内燃机车、远洋轮船、飞机等交通工具也得到迅速发展，使人类的足迹遍布了全世界，也让各个地区的文化、贸易交流更加便利。内燃机的发明，还推动了石油开采业的发展和石油化工工业的产生。

汽车使世界变得更小，人们可以更便捷、迅速地交流。到了今天，如果出门没有汽车或是其他交通工具，那是不可想象的。

任务三 世界各国的汽车工业

一、汽车的发源地——德国

德国是汽车的发源地，也是生产汽车历史最悠久的国家。自从卡尔·本茨发明第一辆汽车至今，德国的汽车工业已经走过了 120 多年的漫长岁月。

回顾这 120 多年的历史，德国汽车工业的发展也和世界其他国家一样，经历了“发明”“完善”“迅速发展”和“科技提升”这四个阶段。而且每一个阶段的发展，都与德国的政治、经济、社会文化等领域的重大事件紧密联系在一起。

图 2-14 汽车之父卡尔·本茨

1. 汽车的发明实验阶段(约 1886 年～1910 年)

19 世纪 70 年代，正是西方第二次工业革命浪潮兴起的时候，德国人抓住了 1871 年德意志第二帝国统一后的几十年时间，在 19 世纪末创造了一个奇迹：德国人在短短的 30 年里走完了英国人用了 100 多年才走完的工业化道路，从而使德国跻身于世界工业化的强国之列。

这一时期，由于内燃机的发明和汽车的诞生，它的诱人前景使当时德国的汽车厂纷纷涌现，一些其他行业的厂家也转向汽车生产。1901 年，全德国只有 12 家汽车厂，职工 1 773 人，年产汽车 884 辆；而到了 1908 年，德国的汽车厂已达到 53

家，职工 12 400 人，年产汽车 5 547 辆。到第一次世界大战前，德国汽车工业已基本形成了一个独立的工业部门，汽车制造工人 5 万多人，年产量达 2 万余辆，这是仅次于美国的汽车产量。

2. 汽车技术完善阶段(约 1911 年～1940 年)

图 2-15　早期的赛车

这个时期，主要是指德国从一战前夕到挑起第一次世界大战，接着是战后的魏玛共和国，一直到希特勒上台，直至第二次世界大战的全面爆发这一时间段。

德国的汽车工业到 1914 年第一次世界大战爆发时，已基本形成了一个独立的工业部门，年产量达到 2 万辆。尽管如此，由于此前的欧洲一直还处在蒸汽机统治的时代，所以斯大林当年曾经把第一次世界大战称作是交战国双方蒸汽机的较量，而把第二次世界大战称作是交战双方真正意义上的内燃机的较量。

尽管一战给德国的汽车工业发展带来了不利的影响，但战争结束以后，德国人仅用了 10 年左右的时间就大大超过了战前的繁荣。其中 1923 年到 1929 年这 7 年时间，被称为是德国汽车工业"19 世纪黄金般的 20 年代"。这一时期，汽车工业发展迅速，现代汽车技术不断得到完善。

1933 年希特勒(Hitler)上台，为了达到他的个人目的，希特勒把魏玛共和国时期已经规划好的高速公路的建设和国民轿车的生产提上了日程表，把发展汽车工业及与此相关的行业摆到十分显著的位置。这对于当时的德国来说，在刚刚经历了世界性的经济大萧条后，汽车的诱人前景和迅速发展起来的高速公路网，使此后的 20 世纪 30 年代再次成为德国汽车生产的"黄金时代"。

到二战爆发前，德国的汽车工业已具有相当的基础，戴姆勒—奔驰、奥迪、大众等汽车公司均已形成一定的生产规模，从而为汽车真正成为体现 20 世纪 30 年代以后相当长一段时间里，这个世界上产品文化的一个主要载体之一，奠定了基础。

3. 汽车工业迅速发展阶段(约 1941 年～1960 年)

图 2-16　20 世纪 50 年代的豪华奔驰车

这一阶段，对于德国汽车工业来说，20 世纪 40 年代的前期，参与了一场史无前例的战争；20 世纪 40 年代的后期，又经历了战后艰难的恢复与获得重生这样一个特殊的阶段；所以直到进入 20 世纪 50 年代，德国汽车工业才真正进入了迅速发展时期。

当二战爆发后，德国很快卷入全面战争。整个二战期间，德国的汽车工业转而成了军事工业的一部分，为战争服务。到二战结束时，大部分汽车工厂都遭受重创，几乎成了废墟。

二战结束后，德国的汽车厂全被盟军接管。由于德国处于战败国的地位，许多工业的发展都受到了限制。在十分困难的条件下，依靠德国人顽强的民族精神，德国的汽车工业很快重获新生。尤其是联邦德国的经济在一片废墟上创造出著名的"艾哈德经济奇迹"，只用了十几年的时间，就再一次超越英、法而成为欧洲第一的经济强国。这一经济奇迹与德国汽车工业的迅速发展密不可分。

1950 年，联邦德国的汽车年产量达到 30 万辆。随着国内高速路与汽车的普及以及汽车出口竞争能力地不断提高，汽车产量大幅度上升，尤其以大众公司的“甲壳虫”汽车为代表，标志着德国汽车工业开始进入飞速发展的阶段。

到 1960 年，德国的汽车年产量已达 200 万辆，10 年内，增长了近 5.7 倍，年均增长率达 21%，从此成为欧洲最大的汽车生产国和出口国。

4. 汽车高科技提升阶段(1961 年至今)

从 20 世纪 60 年代开始，联邦德国的汽车工业继续以较高速度增长，经过竞争，汽车厂家由 100 多家到仅剩下 10 多家，产量却不断提高。许多现代科技被广泛应用于汽车工业，汽车生产开始进入一个成熟阶段。

1966 年，德国的汽车产量被日本超过，排名居世界第三位，并一直保持到现在。

图 2-17 奔驰

1971 年，德国的汽车年产量达到 400 万辆。在这以后，由于受两次石油危机的影响，加上德国国内汽车已基本普及，德国汽车出口的发展势头也有所减慢，而进口量却有较大增加，从而使德国汽车产量呈现下降、徘徊和低速增长的态势。

整个 20 世纪 70 年代，德国汽车工业的产量一直徘徊在 300 万～400 万辆之间。而整个 20 世纪 80 年代，德国的汽车产量则一直在 400 万～500 万辆之间波动。到 1998 年，德国的汽车产量达到了 570 万辆。

图 2-18 宝马

从 20 世纪 90 年代后期起，全球汽车业发生的最重要事件莫过于资产重组、联合兼并的浪潮了。这一时期德国汽车业发生的比较引人注目和产生较大反响的重组及联合兼并事件主要有：奔驰与克莱斯勒的合并；大众与宝马收购劳斯莱斯、宾利等。

2004 年，德国汽车工业全球范围内生产的汽车超过 1 300 万辆，占全球汽车产量的 20.7%。德国国内生产的汽车 557 万辆，其中轿车产量 520 万辆，出口 367 万辆、进口 114 万辆。而德国品牌的轿车在海外的生产量则超过了 422 万辆。目前，德国汽车业主要由五大公司所垄断，它们分别为奔驰(戴姆勒-克莱斯勒公司，2007 年两公司拆分)、大众、宝马、欧宝和美国福特汽车公司在德国的子公司。

图 2-19 大众

动一动： 自己动手，去找找资料，看德国汽车工业还有些什么样的故事。

二、车轮上的国家——美国

1831 年，美国的哥德史沃奇·勒(Coldsworthy Gurney)将一台蒸汽汽车投入运输，相距 15 千米的格斯特夏和切罗腾哈姆之

图 2-20 欧宝

间便出现了有规律的运输服务，这台运输车走完全程约需45分钟。就这样，美国汽车历史拉开了序幕。

今天，美国的“汽车王国”底特律，汇集着美国三大汽车公司——通用、福特、克莱斯勒的总部，而福特家族的发家史，可被视作美国乃至世界汽车工业发展史的一个缩影。在汽车发明史上，亨利·福特(Henry Ford)(后来被世人称为福特一世)是个该大写特写的人。尽管亨利·福特称不上是个发明家，尽管亨利·福特的成就是建立在他人的工作基础上的，但他一生对汽车发展所作出的努力和贡献是值得后人去学习和敬仰的。

图 2-21　早期的蒸汽机车

1890年～1900年，电动车在美国非常流行。电动车以其安静和容易操作而走红一时。但是，因为它的时速仅32千米，且行驶80千米必须充一次电，也很令人头疼。因此，在汽油引擎发明后，电动车就不再为人们所喜爱了。但到了21世纪的今天，人们却为了环保再次将电动汽车推到了研发的首要目标上，不过，现代的电动车技术和功能，将会完全超越汽油引擎汽车。

图 2-22　亨利·福特受勋(中)

美国历史上第一次汽车展览始于1900年11月，在纽约市当时的麦迪逊花园广场举行。从历次汽车展览可以看出美国汽车工业的发展历史，也可以看出美国汽车工业在汽车造型及功能的发展方面取得了空前的成绩。

19世纪末，美国的经济已经达到了比较高的水平，工业生产开始处于世界前列，它的钢铁和石油化工等行业的发展为汽车工业的发展创造了条件。

图 2-23　早期福特T型车

1908年，福特汽车推出了著名的T型车，这种售价不足500美元，后降到300美元的汽车，只有当时同类汽车价格的四分之一，甚至十分之一，美国一个普通工人用一年工资就可以购买到。福特的T型车战略使汽车成为真正意义上的大众交通工具。1913年，福特公司首先在生产中使用流水线装配汽车，这给汽车工业带来革命性变化，美国随即出现了普及汽车的高潮。

汽车制造在这个时期日趋成熟。越来越多的中产阶层拥有汽车，而汽车的造型已经成为汽车制造过程中需要考虑的一个重要因素。通用汽车公司率先成立艺术与色彩生产部门。

成立于1902年的凯迪拉克汽车公司一向以机械部件优良著称。公司曾经有过把3辆汽车拆开，将机械零部件整个打散，再重新混合组装成3辆汽车的记录。这项创举，旨在强调凯迪拉克的零部件的标准化及一致性。

另外，当时声望极高的高级汽车制造厂商 Pierce Arrow 汽车公司从 1901 年至 1938 年在纽约州水牛城生产汽车，公司早期即采用铝合金车身并配备有动力刹车。这个时期，美国汽车工业为适合消费者需求已经能够生产 8 缸引擎跑车，时速可达到 185 千米。1925 年美国第三大汽车制造厂商克莱斯勒汽车公司成立。在美国经济大萧条前夕的 1929 年，美国汽车销量突破 500 万辆。

图 2-24 早期凯迪拉克

Packard 汽车公司共制造了 7 种时速可达 161 千米的高性能 Packard Speed Star 汽车，被视为当时豪华汽车的代表。当时，全球市场上有 15 家厂商制造豪华型汽车，Packrad 就占了 50% 的市场。Franklin Sport Runabout 汽车公司自 1902 年至 1934 年在纽约生产汽车，引擎开始使用空气冷却系统。

图 2-25 Packard 豪华车

随着喷气飞机时代的来临，汽车造型也趋向更低、更长、更宽，并在车后加上大大的尾翅。这个时期的汽车造型有两大特色，一是车身的防撞设计，二是尾翅的流行。

20 世纪 50 年代美国最具特色的汽车是家庭式旅行车，象征着郊区家庭的美好生活。这个时期，福特雷鸟汽车曾是公司跑车的代言者。1955 年公司生产的雷鸟 8 缸双人座敞篷跑车，车顶为活动纤维玻璃，其华丽造型获得了人们的高度评价，后因其控制轻巧，又被喻为私人车的象征。

图 2-26 早期雷鸟跑车

从 1927 年以来，美国通用汽车公司不仅是世界最大的汽车公司，也成了世界上首屈一指的跨国集团(通用 1993 年财政年度销售额为 1 336 亿美元，约等于同年中国国民生产总值的 45%。它消耗了美国 10%以上的钢铁、25%以上的橡胶)，直到 2008 年，丰田才取代了通用的霸主地位，然而在 2011 年通用又重新回归世界第一。

作为美国现代汽车工业的“开山鼻祖”的福特，在 1929 年创建了福特博物馆。色彩斑斓的福特博物馆占地 48 667 平方米，它包含着六大主题：汽车及汽车工业的演变；为驾车人服务的路边商业及娱乐设施的发展；消遣性驾驶；汽车广告对文化的影响；汽车设计的美学影响；如何使你的汽车具有自己的风格。馆中展出的各式各样的汽车，是美国这个汽车大国历史珍宝的叙述。无论是最老式的水轮、无顶篷的汽车，还是首辆在月

图 2-27 存放在福特博物馆的历史见证

球上行驶的汽车，无不透露出人类改变自我、征服自然的勇气和能力。

三、后起的汽车王国——日本

日本的汽车工业走过的道路，与我国有很多相似的地方，学习日本汽车发展的成功历史可以获得很多的经验和教训，这样，我国汽车工业在发展中可以少走弯路，实现快速发展。

图 2-28 以高性价比著称的日本汽车

日本可谓是"后起之秀"，直到 20 世纪初，日本才出现第一部汽车，几年后日本人才开始研制汽车。但谁又能料到 1925 年才第一次出口汽车（出口到我国上海）的日本，半世纪后竟然出口汽车达 6 400 万辆，登上了汽车王国的宝座。日本汽车工业的发展引起了全世界的广泛关注，成为汽车发展史上一个不朽传说。

日本汽车制造业始于吉田真太郎，1904 年他成立日本第一家汽车厂——东京汽车制造厂（现五十铃汽车公司），3 年后制造出第一台日本国产汽油机汽车"太古里 1 号"。至今，日本汽车工业也已经走过了一百多个年头。

二战以前是日本汽车工业的萌芽期。这一时期日本人开始制造汽车，政府也开始意识到汽车产业的重要性，并出台政策进行扶持。1936 年，日本政府颁布了汽车制造行业法，日本汽车真正国产化的序幕由此拉开。

在 20 世纪 50 年代前期，美国、欧洲生产的汽车充斥着日本汽车市场，大有泛滥之趋势。特别是欧洲生产的小型廉价汽车，对处在半毁灭状态的日本汽车工业构成了致命的威胁。当时的日本政府为了保护本国汽车产业，对进口汽车征收高达 40% 的关税（本项关税于 1978 年废止，其后直到今天日本对进口汽车全免关税），同时严格禁止外国资本渗透国产汽车工业。而一些小的汽车厂家为了生存，纷纷与国外厂家联手搞"事业合作"或"技术合作"，唯有丰田依然靠自身力量开发生产国产轿车。

20 世纪 60 年代初期，日本汽车年产量仅为 16 万辆，远远低于同时期美国和西欧各主要汽车生产国的产量。然而仅仅过了 7 年时间，日本汽车年产量就奇迹般达到 300 万辆，超过欧洲各主要汽车生产国产量，跃居世界第二位。20 世纪 70 年代初，日本国内千人平均汽车保有量达到 170 辆，比 1950 年增加了将近 60 倍。在这段时间，普通劳动者成为汽车的主流买主，汽车不再是社会地位的象征而真正成为了代步工具。

20 世纪 70 年代的石油危机重创了欧美车商，但是却让推崇小排量车的日本汽车制造商从中受益。1976 年，日本汽车出口达到 250 万辆之多，首次超过国内销量。有资料显示，20 世纪 70 年代以后，虽然日本经济走向成熟，经济增长率下降，但汽车产业继续保持近 15% 的高增长率。他们大量研制生产的是小型节油汽车，结果终于在 1980 年把美国赶下了"汽车王国"的宝座，取而代之。而日本汽车产业的这一"黄金时期"基本持续到 20 世纪 80 年代中期。此后，日本汽车市场的增长速度也开始减缓，但出口依然强势，推动汽车产业的不断发展。

丰田、日产、富士重工、铃木等公司迅速成为世界级的汽车生产厂，丰田公司在 1972 年到 1976 年就生产了 1 000 万辆汽车。1980 年，日本汽车总产量达到 1 104 万辆，成为世界最大的汽车生产国和出口国。由于大量对美出口给美国带来了巨额贸易逆差，从 1980 年起每年都发生的日美汽车贸易摩擦成为影响日美关系的重要因素，而丰田、本田、日产等汽车厂商为了免受影响，纷纷把生产基地搬到美国本土。

进入20世纪90年代，日本汽车工业渐呈颓势，许多厂商出现了开工不足、生产力闲置的情况，而美欧汽车商则通过兼并重组恢复了元气，反过来把日本汽车公司当作并购的对象。现在，通用汽车在富士重工、五十铃、铃木三家公司分别拥有20%、49%、9.9%的股份，福特汽车则拥有马自达33.4%的股份，戴姆勒—克莱斯勒拥有三菱汽车34%的股份。1999年，日本第二大汽车公司日产汽车公司因亏损严重，被迫将36.8%的股权卖给法国雷诺公司，成为日本汽车工业危机的一次大爆发。

图2-29　丰田家族第四代长孙丰田章男

日本汽车工业的现状可以简单概括为：产能旺盛、国内汽车市场接近饱和、出口优势明显、国内市场寡头竞争。

四、车轮上的浪漫——法国

法国是较早研制和使用汽车的国家。法国的汽车设计，无处不体现着法国人天生浪漫的性格；雪铁龙、雷诺、标致等世界名牌汽车更是法国人的骄傲。在汽车发展史上，法国人有着自己独特的地位。

早在1769年，法国陆军技术军官居尼奥就在政府的支持下，试制成功了世界上第一辆具有实用价值的蒸汽汽车，从而引发了世界性的研究和制造汽车的热潮。但随后到来的法国大革命却让法国的汽车研究中断了几十年，直到1828年，巴黎技工学校校长配夸尔制造了一辆蒸汽牵引汽车，其独创的差速器及独立悬挂技术至今仍在汽车上广泛应用着。

法国出现第一辆汽油机汽车是在1890年，由阿尔芒·标致创立的标致公司生产，一战前，标致的年产量达到1.2万辆，到1939年时年产量达4.8万辆。而1915年创办的雪铁龙汽车公司发展更快，在19世纪20年代初年产量就突破10万辆，1928年日产量达400辆，占全法国汽车产量三分之一。另一创办于1898年的大型汽车厂雷诺汽车公司发展也很快，1914年便具备了大规模生产能力，一战期间更是因军火生产而筹集了大量资金并用于汽车生产。

图2-30　法国汽车代表之一　雪铁龙

图2-31　法国汽车代表之一　标致

二战期间，雷诺公司为德国法西斯效劳，为德国军队提供大量坦克、飞机发动机和其他武器，因而战争结束后，雷诺公司被法国政府接管，路易·雷诺也被逮捕。在政府支持下，雷诺兼并了许多小型汽车公司，1975 年汽车年产量超过了 150 万辆，成为法国第一大汽车厂商，而标致汽车公司的产量也在战后 20 年内猛增十几倍，一跃成为法国第二大汽车公司，雪铁龙汽车公司则因经营不善而被标致汽车公司于 1976 年收购，80 年代雪铁龙超过雷诺而登上榜首。

进入 20 世纪 80 年代，世界性的经济危机使法国汽车工业受到了一定的挫折，雷诺公司更是连年亏损，1984 年产量急剧下降到 30 万辆，但几年后雷诺公司便恢复了元气，1999 年 3 月还收购了日产汽车公司 36.8%的股份。

法国汽车的总体特点就是车体较小而设计新颖，符合大众化的方向，因此在西欧成为家庭轿车的热门，雷诺的“丽人行”微型车在欧洲曾多次销量第一。但是在豪华车、跑车领域，法国汽车公司就不如美、德、意等国汽车公司出色，这成为了法国汽车业的遗憾。

图 2-32　当年的广州标致汽车车间

1985 年，法国标致汽车公司与广州汽车制造厂、中国国际信托投资公司、国际金融公司及法国巴黎国民银行合资成立了广州标致汽车公司，总投资额 8.5 亿法郎，注册资本为 3.25 亿法郎。广州汽车制造占股份 46%，法国标致汽车公司占 22%(主要以技术入股)，中国国际信托投资公司占 20%，国际金融公司占 8%，法国巴黎国民银行占 4%。广州标致员工共 2 000 余人，由广州汽车制造厂和法国标致汽车公司共同管理。1994 年，广州标致开始亏损，到 1997 年累计亏损已达 29 亿元人民币。广州随后以零收购方案收回各方股份，中法合作随即终止。中法汽车的首次合作告一段落。

五、文明古国的期待——中国

中国制造汽车的尝试是在奉系军阀张学良将军支持下，于 1928 年聘请美国技师指导，在沈阳北大营军工厂成功仿造了美国万国牌载重汽车，1 年之中装出了 10 辆。

图 2-33　张学良将军

1936 年中国政府曾有计划与德国奔驰公司合作，成立官办“中国汽车制造公司”，拟先组装汽车、后制造汽车。第二年，抗日战争爆发，此事就暂时搁置了下来。直到 1949 年国民党离开大陆，中国只有汽车使用和修理业。新中国成立后，中国汽车产业才得以建立和发展。

中国汽车产业的发展过程可以分成三个阶段：创建阶段、独立自主发展阶段和对外开放阶段。

(一)创建阶段

1953 年～1958 年是中国汽车产业的创建阶段，长春第一汽车制造厂的建成是这一阶段的标志。这一阶段的特点为：建设工作是在原苏联的全面援助下进行的，产品由苏联引进，工艺流程由苏联设计，主要设备由苏联提供，连厂房设计也是由苏联方面承担的。第一汽车制造厂的设计能力为年生产汽车 3 万辆，产品是载重 4 吨的载货汽车和相应的越野车。第一汽车制造厂于 1953 年奠基，1956 年从第一汽车制造厂流水装配线上开出第一台“解放牌”汽车，1958 年生产汽车16 000辆。

图 2-34　第一辆解放牌汽车下线时的场景

(二)独立自主发展阶段

1958 年～1984 年是中国汽车产业的第二阶段。1958 年前后，中苏关系恶化，中国汽车产业与其他经济部门一起进入自力更生的时期。在初步形成了自己的基础工业之后，我国各地纷纷仿造和试制了多款汽车，逐渐形成了几个较有规模的汽车制造厂。除第一汽车制造厂外，较大规模的还有南京汽车制造厂、北京汽车制造厂等。1958 年北京汽车制造厂研制了中国人自行设计的第一辆轿车，起名“井冈山牌”，开进了中南海。从此，中国汽车产业进入了一个新的发展阶段——独立自主、自力更生的发展阶段。这一阶段标志性的成果是第二汽车制造厂的建设。

图 2-35　中国汽车之父饶斌

1964 年开始筹建第二汽车制造厂，从当时的政治、军事和经济建设观点出发选择湖北省西北部山区(现今十堰市)建厂。在中国汽车之父饶斌的带领下，全国相关行业大协作，从 1969 年开始动工，几十个工厂散布在山沟里，绵延 80 千米。建设期间经过“文化大革命”，1978 年开始批量投产，主要产品是中国人自己开发的载重 5 吨的“东风牌”载货汽车，20 世纪 80 年代中期达到年产中型载货汽车 10 万辆以上的规模，成为国内生产规模最大的企业，并且产品深受用户欢迎。第二汽车制造厂的工厂设计和工艺设计都是中国人自己完成的,98%的生产设备是国产设备。在当时条件十分困难的中国,第二汽车制造厂的建成可以说是一个奇迹。

(三)对外开放阶段

20世纪80年代中期,中国发生了一次激烈的争论,主题是要不要发展轿车消费和轿车生产,争论的结果是中国需要发展轿车。中央决定,建立现代轿车工业,这是我国汽车产业发展中的一项重要决定。

在经过4年多的谈判后,1983年,北京汽车制造厂与美国汽车公司合资成立北京吉普公司,成为国内第一家整车合资企业。从此,一大批合资公司在中国诞生。

在中国市场上,北京吉普的产品曾风靡一时,1995年其年销量达到8.2万辆。然而在经历了历史高峰后,北京吉普每况愈下。这家在轰轰烈烈的标志性意义中起步的合资厂因为股东之间同床异梦,后期迅速走向凋零。

这一阶段有以下特点:把轿车工业作为发展的重点;引进外资,建立合资企业;引进国外产品、工艺和管理方法,实行高起点、大批量的起步方针,很快形成一定规模;企业初步做到按市场机制运行。

自1994年《汽车工业产业政策》发布并执行以来,中国汽车工业有了长足发展,企业生产规模、汽车产销量、产品品种、技术水平、市场集中度均有显著进步。进入21世纪,国内外环境发生了深刻变化,中国汽车工业既有良好的发展机遇,又面临着严峻挑战,同时一些深层次的矛盾和问题也逐渐暴露出来。要促进汽车工业的健康发展,需要有一个具有创新性、前瞻性、科学性,并具有指导意义的产业政策。国家发展和改革委员会于2004年5月21日正式颁布实施《汽车产业发展政策》。

图2-36　吉利吹响了中国进军汽车高端市场的号角

2009年10月,中国2009年第1 000万台汽车下线,中国成为继美国和日本之后,第三个汽车年产量超千万台的国家,标志着一个国家的汽车工业发展开始成熟。特别是在2009年,中国汽车市场销量达到1 362万辆,同比增长45%,跃居世界第一。在全球金融危机不断蔓延以及全球汽车市场萎靡不振的背景下,中国汽车市场显示出勃勃生机和巨大的增长潜力。

2009年,中国汽车产销量双双超过1 300万辆,从而使我国成为了全球最大的汽车生产国和最大的新车消费市场。有人把2009年称之为"中国汽车元年",认为中国已经进入汽车社会。但是也有观点认为,按照国际通行的标准,整体而言,中国只是刚刚迈入汽车社会门槛,离成熟的汽车社会还差得很远。

现在,我国已经有多个自主汽车品牌,如吉利、奇瑞、比亚迪、夏利等,汽车的品质也有了很大的提高。2010年,吉利出资收购了世界知名品牌沃尔沃,吹响了中国向汽车高端产品进军的号角。

任务四　世界汽车早期的技术特点

从最原始的马车到蒸汽汽车，人类走过了漫长的岁月。从汽车的发明到现代智能汽车，我们只用了短短的一百多年时间，人类在不断地进步，科学在不断地发展，技术将永无止境。

多方面资料显示，人类历史上的第一部车是中华民族的祖先发明的。据史料记载，在公元前 2 000 多年的夏初大禹时代，有一个叫奚仲的人，他发明的车由两个车轮架起车轴，车轴固定在带辕的车架上，车架附有车厢，用来盛放货物。这就是世界上的第一辆车。

最初的车辆都是由人力来推动的，称为人力车。后来人们开始用牛、马拉车，称为畜力车。据说，畜力车是商汤的先祖相土和王亥共同发明的。

在历代车辆发展的过程中，有重要技术价值的要数指南车和记里鼓车。

在三国时期，有一位叫马钧的大技师，他发明了指南车。指南车是一种双轮独辕车，车上立一个木人伸臂南指。只要一开始行车，不论向东或向西转弯，木人的手臂始终指向南方。

图 2-37　指南车

记里鼓车是早在公元 3 世纪时，中国最先发明的记录里程的仪器，可惜最初结构已失传，到宋代才由燕肃重新制造成功。

指南车和记里鼓车都是利用齿轮传动原理来进行工作的。它们的出现，体现了古时我国车辆制造工程技术已达到了很高的水平，是我国古代技术的卓越成就。

18 世纪 60 年代至 18 世纪 90 年代期间，英国人瓦特对蒸汽机进行了一系列地改良，带领人类进入了“蒸汽时代”。许多发明家也纷纷把瓦特的技术应用到“自走式车辆”的设计中。

图 2-38　蒸汽汽车

法国人居尼奥花了 6 年时间，于 1769 年制成了世界第一辆具有实用价值的蒸汽汽车。这辆式样很奇特的汽车，车身用硬木制成框架，由三个一人多高的铁轮支撑。车的前面放着容积为 50 升的梨形大锅炉，锅炉后边有两个容积为 42 升的气缸。锅炉由简单的曲拐把活塞的运动传给前轮，使前轮转动。前轮同时也是转向轮，由于前轮上压着很重的锅炉，所以操纵转向杆很费力。

这辆蒸汽车存在一个致命的缺点，每走 15 分钟后，锅炉的压力就损耗尽了，只得停下来再加上水并烧成蒸汽，而它的最高时速也只有每小时 4 千米。

这辆车由于方向杆操纵困难，试车中不断发生事故。一次在般圣奴兵工厂附近下坡时，因转弯不及时而撞到了兵工厂的墙上，值得纪念的世界第一辆汽车，被撞得七零八落，面目全非。这也成为世界上第一起汽车事故。

1801 年，理查德·特雷威蒂克制造了英国最早的蒸汽汽车。两年后，他又制成了形状类似公共马车的蒸汽汽车。这辆公共汽车能乘坐 8 个人，创造了在平路上时速为每小时 9.6 千米，坡道上时速为每小时 6.4 千米的世界纪录。

1825 年英国公爵嘉内制成了第一辆蒸汽公共汽车。这辆车的发动机装在后部，后轴驱动，前轴转向。它采用了巧妙的专用转向轴设计，最前面两个轮并不承担车重，可由驾驶者利用方向舵柄轻便地转动，然后通过一个车辕，引导前轴转动，使转向可以轻松自如。

1831 年嘉内利用这辆车开始了世界上最早的公共汽车运营业务，所以这辆车也被认为是世界最早的公共汽车。

图 2-39　早期蒸汽公共汽车

1828 年，哈恩格克制成了比嘉内的汽车性能更好的蒸汽公共汽车，并开始了公共运输事业的企业化。他的车可以乘载 22 名乘客，时速 32 千米，营运后很受欢迎。

1928 年，法国人配夸尔制造了一辆蒸汽牵引汽车。这辆汽车首次采用将发动机置于车的前端，而由后轴驱动的总布置方案。在发动机和后轴之间，用链条传动。为了转弯灵活，后轴系由两根半轴构成，当中由差速齿轮连接，这就是最早发明的差速器。此外，两个小小的前轮，是各自与车架弹性相接的，这被称作独立悬挂。这种独立悬挂设计，在当时具有划时代的意义。配夸尔的链条传动、差速器、独立悬挂等设计，对汽车的发展贡献极大，至今仍在汽车上广泛地应用。

图 2-40　早期福特 T 型车

1908 年，汽车史上第一辆在生产线上大量装配的四轮汽车福特 T 型车在美国诞生。福特 T 型车一改以往汽车马车型的造型，加上功能配置上的创新和改进，使它成为当时城市最佳的个人交通工具，上市第一年就卖出 1.9 万辆。1920 年，T 型车从装配线退役时，总共生产了 1 500 万辆。

大众甲壳虫，第一辆划时代汽车的成功是众所周知的：它打破了福特 T 型汽车的产量纪录。目前，大众汽车公司又推出新甲壳虫，引起了人们的极大兴趣。它的优点是结实耐用，不讲究豪华，而且价格大众化。直到今天，仍为很多车迷追捧。

图 2-41　大众甲壳虫

【知识窗】

汽车同其他现代高级复杂工具如电子计算机等一样，并非是哪一个人坐在那里能够发明的。发明之初的汽车也不是现在这个样式，如果你能见到当时的汽车，你也可能认为这不是汽车呢。汽车的发展也有一个漫长的历程，总的来说，汽车发展史可以分为蒸汽机发明前、蒸汽汽车的问世、开始大量流水式生产汽车三个阶段。

人类最初的工作劳动完全是由本身来完成,根本没有什么发动机和汽车,如果说有的话,在未使用牛和马之前使用的是人体这台"发动机"。奴隶被当作是一种"生物发动机"。随着人类的进步与发展,人们对自然界的认识越来越深,利用自然、改造自然的能力日益加强,人们不仅使用人力、畜力,而且知道使用水力、风力。

【项目小结】

1. 1886 年 1 月 29 日在德国曼海姆市,卡尔·本茨的第一辆三轮汽车申请并获得了发明专利,所以,1886 年 1 月 29 日被公认为汽车的诞生日。

2. 内燃机的发明和使用是第二次工业革命的重大成就,也为汽车工业的发展打开了新纪元。

3. 德国是汽车发源地,也是许多世界著名汽车品牌的摇篮。

4. 福特公司开创了汽车工业化生产的先河,也让汽车走向了千家万户。

5. 汽车发展的最终目标就是要实现智能、安全、环保。

项目三 中国汽车发展简史

【学习目标】

➢ 了解新中国汽车生产的历史背景
➢ 了解合资品牌汽车对我国汽车工业的影响
➢ 了解我国汽车行业现状

任务一　新中国的骄傲——解放牌汽车

世界上第一辆汽车自 1886 年诞生，但新中国汽车的历史却经历了很多的艰辛。新中国成立前，我国的公路上，就像开办万国汽车展览一样，行驶着 130 多种不同牌号的汽车，但却没有一种是我国制造的。解放牌汽车的问世，结束了我国不能生产汽车的历史。

1956 年 7 月 13 日，在长春一汽崭新的总装线上，装配出了第一辆解放牌汽车。14 日，装配出第一批 12 辆 CA10 型解放牌汽车，第一批国产汽车在欢声笑语和雷鸣般的掌声中缓缓驶出装配线。这标志着中国不能制造汽车的历史结束了。

图 3-1　老解放牌汽车

CA10 型是以苏联莫斯科斯大林汽车厂（后改为李哈乔夫汽车制造厂）出产的吉斯-150 型载重汽车为蓝本制造的。空车重 3 900 千克，装有 90 匹马力、四行程六缸发动机，最大速度为每小时 65 千米，载重量为 4 吨，最大功率为 71 千瓦。整车结构较之苏联 1955 年以前生产的汽车做了部分改进。这种汽车具有发动机开动后均匀性好、刹车系统安全可靠、结构坚固、使用寿命长等特点，更适合我国大规模建设和原材料、燃料供应情况及公路、桥梁负荷等条件。同时，还可以根据需要把它改装成为各种用途的汽车，如公共汽车、加油汽车、运水汽车、倾卸汽车、起重汽车、工程汽车、冷藏汽车和闭式车厢载重汽车等。

众所周知，从 1954 年至 1978 年，中国在自己经济也很困难的情况下，对阿尔巴尼亚进行了大量的经济援助。二十世纪六七十年代，在阿尔巴尼亚的公路上跑的是解放牌或东风牌汽车，解放牌汽车的身影还出现在了阿尔巴尼亚流通纸币的图案中呢！

图 3-2 升级后的解放牌汽车

图 3-3 解放牌的集装箱汽车

图 3-4 解放牌的油罐汽车

任务二 汽车工业里程碑——红旗

在新中国并不悠久的轿车历史上，红旗轿车一定是最浓墨重彩的一笔。作为第一款量产化的国产轿车，从它诞生的那一刻起，就环绕着神圣的光环和荣耀。红旗车经历了几十年风风雨雨的洗礼，目睹了共和国历史上几乎所有的重大变迁，而在所有红旗系列轿车中，曾经作为国车的红旗 CA770 无疑是最为经典的车型。

1965 年，全新的红旗 CA770 型三排座高级轿车研制成功，这令国人倍感神圣与自豪。当年接待访华的外国政要的最高礼遇就是以见毛主席、住钓鱼台、坐红旗车为标致的。红旗 CA770 作为红旗轿车中的主流，既是中国轿车工业的旗帜，也是共和国的骄傲。从 1965 年开始，红旗 CA770 车型前后生产了 20 年，在那 20 年里我国所有重大政治活动中，都有这款轿车的身影。红旗 CA770 轿车屡屡定格在历史镜头里，它那昂首挺胸的造型设计，富有民族传统气息的装饰风格，体现了不卑不亢的民族气节，也使它永远定格在了人们的记忆里。

图 3-5 红旗 CA770

红旗 CA770 庄重典雅、大方含蓄的外表，处处都体现了它特殊高贵的身份以及东方民族特有的神韵，屏风设计的前脸、酷似御用宫灯的尾灯、侧面剑形的装饰条，无不流露出一个大国的风范。长 5 980 毫米、宽 1 990 毫米、高 1 620 毫米，如此庞大的身躯显示了它至高无上的尊贵地位、豪华气派及与众不同的外在气质。翼子板上代表总路线、大跃进、人民公社的三面红旗标志也反映出当时浓郁的政治意味。红旗 CA770 车门为前后对开式设计，这样既有利于前排人员为后排乘员提供开车门的服务，又有利于安全保卫工作（车门开启时，外面的人不易看见后排乘坐者）。车门虽然厚重结实，但开关起来异常轻松。特别是在关门时，只需轻轻一拉，车内和车门上的真空吸合装置便会自动将车门关闭到锁止状态。因为它的特殊身份，所以车门锁设计得相当可靠。

小红旗是自原有的红旗轿车停产以来的第一批红旗车。但此时的红旗已经失去了它原有的风貌。一汽以奥迪 100 为原型，对红旗轿车进行了全新的塑造。小红旗采用了奥迪 100 的底盘，外形也和奥迪 100 如出一辙，发动机采用了克莱斯勒的技术，虽然车头还飘扬着那面旗帜，但感觉却是用国外车型和技术拼凑出来的杂交体。

在 20 世纪 90 年代之后，一汽红旗在外形上始终摆脱不掉老款奥迪车型的影子，在技术上也都是依靠国外的技术，当年国车的风采现在已经大打折扣。人们怀念的还是 80 年代之前具有中国特色并且记载着新中国历史的大红旗。

图 3-6 新型 SUV

图 3-7 新型红旗轿车

任务三 时代标志——合资企业

一、首家中外合资汽车企业——北京吉普

中国制定的改革开放基本方针，打开了通向世界的门户。中国政府决心引进国外先进技术和资金改造长期处于封闭状态、发展缓慢的中国轿车工业，建设现代化的民族轿车工业基地。

1979年1月16日，经美国友升国际公司总经理、著名美籍华人沈坚白先生及其夫人郭志娴女士的介绍，北京汽车制造厂与美国汽车公司就合资经营问题进行了初次接触。

图3-8 老北京吉普

1983年5月5日，北京吉普汽车有限公司合资经营总合同签字仪式在北京人民大会堂举行。北京汽车工业总公司总经理吴忠良和美国汽车公司董事长兼最高执行官W.P.铁伯特分别代表北京汽车制造厂和美国汽车公司在合同上签字。合同有效期20年。1983年6月1日，国家对外经济贸易部批准合同生效。

1984年1月15日，由北京汽车制造厂与美国汽车公司合资经营的北京吉普汽车有限公司举行开业仪式。该公司成为我国首家中外合资汽车企业，主要生产当时美国汽车公司的切诺基XJ系列四轮驱动的越野车。

图3-9 新型北京吉普

二、一汽大众

一汽大众汽车有限公司（简称一汽大众）于1991年2月6日成立，是由中国第一汽车集团公司和德国大众汽车股份公司、奥迪汽车股份公司及大众汽车（中国）投资有限公司合资经营的大型乘用车生产企业，是我国第一个按经济规模起步建设的现代化乘用车工业基地。

经过多年的不断发展，一汽大众在长春和成都共有两大生产基地，包括轿车一厂、轿车二厂、轿车三厂（成都分公司）和发动机传动器厂。其中长春基地位于中国长春西南部，占地面积182万平方米，已形成年产66万辆的生产能力；成都基地位于成都市东南的成都经济技术开发区内，占地面积81.3万平方米，2009年5月8日建设项目正式启动，一期生产规模为年产15万辆。

一汽大众采用先进技术和设备制造了当今世界两大名牌汽车——大众汽车和奥迪汽车。捷达、宝来、高尔夫、速腾、迈腾、奥迪A4L、奥迪Q5、奥迪A6L系列轿车，深受广大消费者的喜爱。一汽大众已成为国内成熟的A、B、C全系列乘用车生产制造基地。国家商务部确认一汽大众为技术先进企业；国家统计局授予一汽大众中国汽车制造名优企业称号；原国家机械局授予一汽大众在促进科学技术进步工作中作出重大贡献者一等奖。

图3-10 一汽奥迪

1998年，一汽大众正式通过ISO9001质量体系认证；2002年，一汽大众通过01（2002版）标准认证，并荣获ISO14001环境管理体系认证证书；2004年3月20日通过了德国技术监督协会认证公司审核，获得了VDA6.1补充证书；公司生产的产品还于2006年1月荣获中国环境标志产品认证。

三、广汽本田

广汽本田汽车有限公司(2009 年 7 月 1 日前,公司名称为广州本田汽车有限公司)于 1998 年 7 月 1 日成立,它由广州汽车集团公司和日本本田技研工业株式会社合资经营,双方各占 50%股份,合作年限为 30 年。

图 3-11　广州本田标志

在国内轿车项目中,广汽本田走出了一条以市场为导向、少投入、快产出、滚动发展的道路,经过 3 万辆、12 万辆、24 万辆阶段的工程改造,已经于 2004 年年初建立了 24 万辆的生产体制,并实现了日产 1 000 辆的目标。

通过建立生产工厂,更好更快地满足市场及广大顾客的需求。广汽本田成立以来,产销量实现一年上一个新台阶。现有员工 7 400 多人,占地面积 58 万平方米。拥有研究开发中心、排放试验室等强大技术研发力量和冲压、焊接、注塑、涂装、总装、整车检测等先进工艺生产车间,以及物流配送中心、综合培训中心等辅助设施。目前,广汽本田已达到年产 36 万辆汽车的生产能力。生产的车型有新一代雅阁(Accord)轿车系列、多人乘坐多功能轿车奥德赛(Odyssey)以及汇聚本田最新技术的精巧型轿车飞度(Fit Saloon)。

图 3-12　广本雅阁第八代

在科技引创未来的时代,将技术优势发挥到极致是汽车制造努力的方向。广汽本田凭借强大而先进的国际生产工艺和技术设备,诠释了对汽车制造的独到见解,为产品的卓越品质提供了强有力的技术保障。在引进世界最新科技的同时,技术研究开发中心还根据中国的道路状况以及用户的驾乘习惯和审美品位,进行技术调整和再创新。

自从 1984 年第一家合资汽车企业在我国诞生,现在汽车合资企业已占了国内汽车行业大半江山。国内汽车合资企业统计,如表 3-1 所示。

表 3-1　国内汽车合资企业统计表

公司	合资品牌
上海汽车	上海大众
	上海通用(别克、雪佛兰、凯迪拉克)
	上海通用五菱
	上海依维柯红岩
一汽轿车	一汽大众
	一汽奥迪
	一汽马自达
	一汽丰田

（续表）

公司	合资品牌
	东风日产
	东风标致
东风汽车	东风雪铁龙
	东风本田
	东风悦达起亚
	长安福特
	长安马自达
长安汽车	长安铃木
	长安沃尔沃
	长安标致雪铁龙
	北京现代
	北京奔驰
北京汽车	北京克莱斯勒
	北京三菱
	北京 Jeep
	广汽本田
广州汽车	广汽丰田
	广汽菲亚特
中国重汽	重汽 MAN
	长丰三菱
	华晨宝马
其他	郑州日产
	华泰现代
	东南三菱

任务四 汽车产业发展政策

一、新汽车产业政策问世

汽车工业一直以来隶属于原机械部管理。其间经历了一汽、二汽、重汽计划单列，中汽公司被撤销，成立中国汽车工业联合会，中国汽车工业总公司重组。到 1993 年，成立汽车司并入机械部，中汽总公司管理职能取消。之后，随着机械部的撤销，管理汽车的工业部门便彻底消失。到 20 世纪 90 年代中期，为了振兴汽车工业，国家仿效日本的产业振兴办法推出了第一个汽车工业产业政策。

1.新汽车产业政策出台的必要性

首先,由于 1994 年汽车产业政策与我国加入 WTO 的相关精神和我国所作的承诺是矛盾的。其次是随着我国汽车产业的发展,外资进入的速度、力度和方式都发生了很大变化,如合资、重组明显加快。再次是受高利益驱使,国际国内资本纷纷进入汽车产业,甚至导致了汽车工业发展向组装型的不良方向发展的倾向。最后是汽车工业的高速发展带来了很多相关经济问题。

图 3-13　关于汽车钣金技术要求的政策研讨会

2.新产业政策的主要特点

与 1994 年的产业政策相比,新产业政策的变化主要表现在以下几个方面。一是鼓励扶持国内汽车产业集团化发展;坚持鼓励生产和消费节能环保型汽车;鼓励研究开发节能环保型汽车和新型燃料汽车;坚持合资企业 50%的主体控制以及坚持同一家外商同一品牌不得建立两家或以上的合资企业的原则。二是首次提出鼓励汽车技术的研发,增强其核心竞争能力;明确提出了具有可操作性的汽车整车企业退出办法;建立汽车生产的准入管理制度,提高准入门槛;改革以前审批式为主,转变为备案、合审两种方式;提出了企业自主开发政策,把研发摆在重要位置;取消了外汇平衡、国产化比例等要求。三是强调了可持续性发展的重要性。

图 3-14　节能环保型小轿车

3.新产业政策要点

新汽车项目投资门槛大幅抬高:新建汽车生产企业的投资项目,项目投资总额不得低于 20 亿元人民币,其中自有资金不得低于 8 亿元人民币,同时要建立成品研究开发机构,且投资不得低于 5 亿元人民币。此外,新建乘用车、中型载货车生产企业投资项目应包括为整车配套的发动机生产。而新建车用发动机生产企业的投资项目,投资总额不得低于 15 亿元人民币,其中自有资金不得低于 5 亿元人民币。新建汽车生产企业投资总额下限 20 亿元人民币。新建投资项目的生产规模不得低于:重型载货车 1 万辆,乘用车装载 4 缸发动机 5 万辆,装载 6 缸发动机 3 万辆。对轿车项目仍需进行最严格的审批,并且审批权限上调到国务院。对除发动机外的汽车零部件基本放开。

行业准入制度:建立统一的道路机动车辆生产企业和产品的准入管理制度。符合准入管理制度规定和相关法规、技术规范的强制性要求并通过强制性产品认证的道路机动车辆产品,予以公告。

图 3-15　汽车行业准入制度工作会议

建立行业退出机制:对不能维持正常生产经营的汽车生产企业(含现有改装车生产企业)实行特别公示。该类企业不得向非汽车、摩托车生产企业及个人转让汽车、摩托车生产资格。

鼓励汽车企业集团化发展，通过企业间的兼并重组实现产业结构的优化与升级。国家继续支持大型汽车企业与国外汽车集团联合兼并重组国内外汽车生产企业。

鼓励开发具有自主知识产权的产品。企业自主开发产品的科研设施建设投资凡符合国家促进企业技术进步有关税收规定的，可在所得税前列支，同时承诺将尽快出台鼓励企业自主开发的政策。鼓励汽车企业制订品牌发展计划，并实行品牌经营战略。

引导和鼓励发展节能环保型小排量汽车，积极开展电动汽车、车用动力电池等新型动力的研究和产业化拓展，重点发展混合动力汽车技术和轿车柴油发动机技术也成为新产业政策的重要组成部分。

任务五　WTO 推动汽车行业前进

一、中国进入 WTO

按照《中国加入世界贸易组织议定书》的规定，我国于 2005 年取消汽车及其关键零部件的进口配额、许可证管理，在 2005 年前有三年的保护期。在此期间，我国汽车产业发生了翻天覆地的变化。汽车产量三年翻一番，汽车市场由卖方转为买方，汽车价格不断趋于合理，400 万家庭提前圆了轿车梦，我国汽车产业成为世界汽车产业一个重要组成部分，我国汽车市场被认为是未来最具发展潜力的市场。汽车产业被认为是我国加入世贸组织后最易受到冲击的一个产业。加入世贸组织前三年，由于应对得当，进口汽车严重冲击国内汽车产业的情况并未出现。在汽车进口连年大幅增长的同时，国内汽车产业重组和外资进入的速度明显加快，出现了高速增长、产销两旺的好势头。

图 3-16　中国加入 WTO 签字仪式

2011 年，我国汽车市场呈现平稳增长态势，全年月均产销量突破 150 万辆，全年汽车销售超过 1850 万辆，再次刷新全球历史纪录。

加入世界贸易组织以来，一直受到高度贸易壁垒保护的中国汽车工业，通过政府有关部门的有效管理和产业界的共同努力，形成了逐步、有序开放的市场环境，发生了巨大变化：一是汽车产销量高速增长;二是汽车产品结构更加合理,轿车比重大幅度提高;三是产业集中度有所提高;四是经济效益大幅度提高;五是新产品不断推出;六是汽车产品出口保持高速增长;七是产业结构调整取得重大进展。

二、新阶段、新瓶颈和新途径

中国汽车工业发展大致可以分成三个阶段。第一个阶段,从1953年到1978年改革开放前,中国汽车工业发展的基础得到了初步奠定,汽车产品从无到有。第二个阶段,1978年到20世纪末,中国汽车工业获得了长足的发展,形成了完整的汽车工业体系,从载重汽车到轿车,开始全面发展。这一阶段是我国汽车工业由计划经济体制向市场经济体制转变的转型期,其特点是:商用汽车发展迅速,商用汽车产品系列逐步完整,生产能力逐步提高;具有了一定的自主开发能力;重型汽车、轻型汽车的不足得到改变;轿车生产奠定了基本格局和基础;我国汽车工业生产体系进一步得到改善;随着市场经济体制的建立、政府经济管理体制的改革,企业自主发展、自主经营,大企业集团对汽车工业发展的影响越来越大;汽车工业企业逐步摆脱了计划经济体制下存在的严重的行政管理的束缚;政府通过产业政策对汽车工业进行宏观管理;通过引进技术、合资经营,中国汽车工业产品水平有了较大提高,吸收了对外合作、合资的经验。第三个阶段,进入21世纪,中国汽车工业在中国加入WTO后,市场规模、生产规模迅速扩大,全面融入世界汽车工业体系。

中国汽车工业进入以轿车为主要推动力的发展时期。加入WTO后中国出现对轿车的爆发性市场需求。汽车市场的扩大,将发挥汽车工业对国民经济的带动作用;汽车工业水平的提高,无疑将主要通过轿车工业的发展体现出来。

图3-17 美国福特汽车研究院落户中国

中国汽车工业基本上实现了国内各企业间的充分竞争。随着中国加入WTO,政府解除了对外资、民间企业进入轿车生产领域的规制以及其他规制,逐步降低关税壁垒,大幅度放宽了对合资企业经营的规制:允许外资的咨询,允许金融企业进入汽车工业;大幅度地降低了关税;扩大了地方政府对于合资企业的审批权。中国汽车市场上的竞争更加自由、激烈,民营企业正在加速进入轿车工业,轿车合资企业在迅速增加,专业化程度在逐步提高。中国的大汽车公司专业化程度与国际大汽车公司相比仍然较低。中国汽车零部件生产企业规模较小,尚未形成面向全行业甚至国际市场的大汽车零部件生产集团。中国主要汽车公司开始按照车型组织专业化的汽车公司,中国汽车工业全面融入国际汽车工业体系,具体表现在如下几个方面:

世界汽车工业巨头大举进入中国。随着中国政府落实加入WTO的有关承诺,世界汽车工业巨头加速进入中国。一汽丰田和马自达公司联手;东风与日产全面合作,提升了与PSA的合作层次;韩国现代汽车公司与北京汽车控股公司合资。进入中国的跨国公司初始投资规模都比较大。

目前世界汽车工业排名前15名的国际轿车生产商已经全部在中国找到了合作伙伴。已经进入中国的跨国公司都在原有规模上,扩大了投资,增加了产量。整车进入中国的同时,跨国公司(集团)的汽车零部件厂商也加速进入中国市场。世界上绝大部分著名汽车零部件跨国公司也已经通过独资、合资等方式进入了中国。丰田、大众、通用等跨国公司在中国已经拥有了几十家至上百家汽车零部件厂。随着世界汽车工业巨头全部进入中国，跨国公司在中国汽车市场上的竞争日益激烈，大众、通用公司原来占有明显优势的市场地位发生了动摇。跨国公司加速进入中国汽车工业，使中国汽车工业重组不断加速。中国汽车工业与国际汽车工业的融合不断深化。中国汽车企业在跨国公司全球体系中的地位发生了变化。

进入21世纪以来，中国汽车生产企业在跨国公司全球战略中的地位有所提高。中国汽车生产企业日益发挥其优势，成为跨国公司全球战略的重要环节。

图3-18 向菲律宾前总理拉莫斯介绍别克

上海通用已经开始大量向菲律宾出口别克GL8，另外还向加拿大出口发动机，这是中国第一次向发达国家出口大排量的汽油发动机。中国作为跨国公司的生产制造基地，初露端倪。跨国公司在中国生产汽车并出口销售到其他国家和地区，促使中国汽车产品的技术水平和质量进一步提高。

汽车零部件以较大规模进入跨国公司全球生产体系。汽车零部件全球化采购早已成为世界汽车工业的潮流。跨国公司通过零部件全球化采购，降低成本，减少风险，降低技术开发投入规模。中国汽车企业生产的汽车零部件正在加速进入跨国公司的全球生产体系。东风汽车公司与日产汽车公司的合作中，日产承诺将上海、十堰、襄樊等地汽车零部件供货商纳入其全球采购体系。

中国汽车零部件工业是中国汽车工业中相对薄弱的环节，但也是最有希望成为具有世界影响力的产业。随着中国汽车市场的不断扩大、中国汽车工业的发展，跨国公司把相应的生产基地向中国转移，把更多的车型、更多的汽车零部件转移到中国生产，是可以预期的。中国汽车工业的零部件将更多地进入跨国公司的全球采购系统，中国将成为跨国公司整车产品的重要加工生产基地。

图3-19 多方的合资方式

合资方式也由双方变成了多方。五菱汽车公司、上海汽车集团、通用汽车公司共同组成了新的汽车公司；东风汽车公司、广州汽车公司、本田汽车公司共同组成了本田的汽车出口基地；东风汽车公司、江苏悦达汽车公司、韩国起亚汽车公司合资组成了东风悦达起亚汽车有限公司。合资企业中有些实际上是外资占有控股地位。如东风悦达起亚汽车有限公司中，东风汽车公司占25%股份，江苏悦达汽车公司占25%股份，韩国起亚汽车公司占50%股份。目前已经形成了中国三大汽车公司分别与多家跨国公司合作的局面。

21世纪初，中国汽车工业在国际汽车工业体系中的地位。从产业规模、企业规模、技术水平、国际竞争力等方面看，中国汽车工业从整体上看，仍然不具有国际竞争力。

目前，中国汽车工业对跨国公司有着较大的依赖，但由于种种有利条件，中国汽车工业有可能最终成为具有独立开发能力、具有一定国际竞争力的产业。经过一段较高速度的增长，中国可望成为世界主要汽车制造基地之一，其后逐步成为全球商用汽车的主要生产基地，以及面向发展中国家和发达国家的商用汽车、中低档轿车的主要供应者，成为全球汽车工业汽车零部件的制造中心。

任务六　我国汽车行业现状

一、我国汽车行业的前景分析

图 3-20　火爆的汽车销售场面

图 3-21　汽车下乡补贴

我国汽车市场销售状况良好，稳步发展，势头良好。中高档乘用车车型将维持较高增速；商用客车行业将持续稳定增长；商用货车行业整体增速将回落，机会在于产品升级与出口。

汽车行业将面临节能环保政策影响、征收燃油税的影响、内外资两税合一的影响、高油价时代发展新能源等多种因素的影响，汽车各零配件行业面临新的机遇和挑战。

新的消费群体形成，消费升级趋势明显是乘用车市场稳定成长的大好背景。国内经济生产总值与固定资产投资高位运行及新农村建设等因素是商用货车稳定发展的保障。人口红利、旅游业蓬勃发展、高速公路里程扩张是商用客车维持持续增长的驱动力。汽车业中既有作为可选消费品的乘用车，又有具有生产资料属性的商用车。每个细分子行业都面临机遇与挑战共存的成长阶段，同时也给汽车零配件龙头带来了巨大的发展机会，处于汽车产业链中上游的汽车零配件龙头公司将迎来一个高速成长时期。

2011 年汽车巨头在华销量回顾及简析

丰田汽车、通用汽车、福特汽车、大众汽车等跨国汽车公司陆续公布 2011 年在华业绩，除个别日本车企因地震影响在华业绩不佳外，其余跨国汽车公司在华业绩普遍不错，增幅远远高于国内车市平均增长水平。

日系汽车企业中，表现最好的是日产汽车公司。2011 年日产在华合资企业东风汽车有限公司实现销售 147.7 万辆，同比增长 15.8％。其中商用车略有下降，乘用车则同比增长了 27％。

丰田汽车公司 2011 年度在中国内地销量为 88.3 万辆，同比增长 4％。通用汽车及其在华合资企业顶住了中国车市增幅大幅下滑的局势，2011 年销量达到创纪录的 255 万辆，同比增长 8.3％，这一增幅虽然远低于 2010 年的 29％，但比中国市场总体不到 2.5％的增幅高很多，通用汽车因此连续 7 年保持中国市场销量第一。

中国市场占通用汽车全球销量的 28％以上，连续几年超过美国本土市场，成为其最大单一市场。大众汽车（中国）投资有限公司宣布，2011 年大众汽车在中国的汽车销量首次超过

200 万辆，达到 226 万辆，同比增长 17.7%，增幅位居跨国汽车公司之首，超过大众汽车全球增幅 3.4 个百分点。中国已连续三年成为大众汽车全球最大单一市场。

二、新能源给我国汽车业发展带来新机遇

高油价时代，汽车驱动力必将朝着替代传统能源的方向发展，燃油税的出台、油价高企催生新能源汽车热，我国今年公布了《新能源汽车准入管理规则》，各大汽车制造商在新能源汽车的研发上已经有很多动作，发改委公布了严格的准入门槛并实行一项否决制，意在把新能源汽车的研发投入集中在有较强实力的汽车企业手中以尽快实现新能源汽车的大规模商用。从欧美市场看，基本上业界认为至少未来 5 年新能源汽车主流为混合动力车。

上海汽车已经推出自主研发的荣威混合动力轿车和上海牌的第四代燃料电池轿车，据上海汽车计划，公司将在奥运之前小批投产自主品牌混合动力轿车，同时推进合资品牌混合动力轿车与客车的研发。此外，东风电动车辆股份有限公司已经研制出混合动力公交车，一汽集团完成解放牌混合动力客车样车开发，一汽红塔已经有少量电动汽车外销。

混合动力汽车是汽车由传统动力向纯新能源过渡的一个产物，我国汽车业有望借此缩短与欧美市场差距，所以目前走在前列的车企一定会在全球新能源汽车时代到来之时占据先机。

图 3-22 荣威电动车

三、自主品牌的挑战

面对自主品牌市场份额不断减少的趋势，不少业内人士认为，问题的关键是自主品牌轿车企业往往靠低成本运作起家，靠自身滚动发展，步履维艰，所生产的车型也往往以价格偏低的中低价位轿车为主，一旦低端市场产生波动，自主品牌轿车就受到影响。

图 3-23 节能减排宣传图

汽车社会面临的能源和环境状况不容乐观。随着世界汽车工业的不断发展，汽车保有量迅速增加，汽车安全事故、环境污染及能量消耗问题也更加引人关注。私人交通的便利与国家能源紧张之间的矛盾显得更加尖锐。目前，我国石油消耗已经位居世界第二位，交通用油呈快速上升趋势，年平均增长 10%左右，进口石油迅速增长，市场油价猛涨，国家能源安全面临着严峻挑战。另外，作为交通工具的汽车，要排放大量的碳、氮、硫的氧化物及碳氢化合物、铅化物等多种大气污染物，是重要的大气污染发生源，对人体健康和生态环境带来严重的危害，汽车废气污染越来越严重。从汽车工业的健康可持续发展来看，解决能源、环保、交通的三大瓶颈问题已经刻不容缓，否则，就必然距离我国建设和谐社会的目标越来越远。

动一动：自己动手，去找找资料，看中国领导人与汽车还有些什么样的故事。

故事一：斯大林赠送一辆黑色防弹吉斯车

毛主席拥有专车还是在建国后，这辆车目前在中国人民革命军事博物馆一层中央大厅陈列着。在毛主席进入北平后，他乘坐美式吉普车检阅部队的照片被斯大林看到，斯大林马上批示有关部门，将当时苏联制造的最先进的吉斯-0、吉斯-5等一批高级轿车赠送给中国领导人。所以，新中国成立后的一段时间里，中国几位主要领导人：毛泽东主席、朱德委员长、周恩来总理乘坐的都是苏联产的吉斯防弹保险轿车。这种车有8个缸，耗油量相当大。

图3-24　黑色吉斯车

毛主席的专车是一辆黑色防弹吉斯，1950年毛主席访问苏联期间坐过这辆车，回国后，斯大林把它送给了毛主席。1971年9月，毛泽东南巡时，洞悉不测，返抵北京丰台后，正是这辆吉斯载着他一路平安地回到万寿路住所。这辆车是跟随毛主席时间最长的专车，可是，有谁会相信，毛主席乘坐的这辆高级轿车内竟然没有空调设备！

毛主席身高体胖，尤其爱出汗，一到夏天，车里如蒸笼一样，为保证安全，车窗不能随意打开。为降低车内温度，只好在车子前排与后座的间隙里放上一个盛冰块的盆子，以此调节车内温度。毛主席从没有对这种土办法感到不满或提出什么要求。车内的冰盆就这样伴随他度过了十几个炎炎夏日，直到1966年，首批中国自产的20辆大红旗轿车才替换了中央领导人乘坐的苏联车。

故事二：美国总统尼克松访华之前的一段插曲

周总理生前戴上海牌手表，坐国产红旗轿车，世人皆知。他的民族自强精神和维护民族形象、民族尊严的立场与信念全世人广为传颂。1972年，美国总统尼克松带着500余人的庞大访华团访问中国，是周总理用中国的红旗轿车挡住了他的总统专车，这一事名噪海内外。但人们还很少知道，在这之前还有一段有关总理态度鲜明、坚决维护民族尊严的小插曲呢！

1972年，美国总统尼克松来华访问前，首先派黑格将军带领的先遣团来到北京，作有关访问的技术准备。黑格首先抛出了三个正式条件：其一，总统专用车运到中国；其二，总统专机直达北京；其三，电视转播车从美国带来。

周总理听后的答复是：车我们有，美国飞机停在上海，电视转播车带来可以，但使用权租给我们！掷地有声的几句话，黑格将军为之惊讶！

随后总理立即作出指示：对待这次美国访华团来访，我们要不冷、不热，但交通上坚决不能出事故。

为保证尼克松来华乘用的5号红旗保险车万无一失，总理事先亲自乘坐一趟。这一坐，细心的周总理发现两个毛病：其一，坐垫窄；其二，车子震动较大。一汽立即派人前往，经过测量，由于是手工操作，座椅的扶手包得略厚一些，与总理的6号保险车相差了10厘米。紧接着他们又坐上车开了一圈，没有感觉震动，后来突然想起总理经常走机场那条路，便开着车上了那条路继续感觉，可是和第一次一样，没发觉震动。不知谁想了个主意，用带刻度的瓶子装上水，再试，结果出来了，5号车波浪略高，而总理乘坐的6号车波浪较低。毛病找到了，一汽立即邮来了压力低的后桥钢板一套，换到了5号车上，总算万无一失。可是为了保险起见，总理临时决定5号车自己坐，他的6号车给尼克松访华期间乘坐，日理万机的总理就连轿车扶手的误差和小小的震动都能体会出来，一汽的工作怎能不提高，红旗轿车又有何理由质量不过硬？

【见识一下】

全球汽车巨头排名出炉

2011 年，美国的通用汽车以高达 903 万辆的销售量重新夺回冠军，亚军则是德国的大众汽车，销售 816 万辆。连续三年占据世界销量第一宝座的丰田汽车(包括大发汽车和日野汽车等子公司)2011 年销量比上年减少 5.6%，仅为 795 万辆，退居第三位。虽然雷诺日产联盟 2011 年销量为 739 万辆，暂居第四位，但是如果加上即将取得经营权的俄罗斯伏尔加汽车公司，雷诺日产联盟的销量将达到 803 万辆，进而超过丰田汽车。此外，韩国现代汽车奋起直追，销量增幅高达 14.8%，为 659 万辆，位居第五。

业内有关人士分析指出，2011 年 3 月 11 日的日本大地震和下半年泰国洪灾造成零部件供应网中断，使得日本八大汽车厂商在日本国内的产量比上年减少了 797 万辆，减幅高达 13.4%。此外，日元不断升值，对日本汽车的出口也造成了严重影响。与此同时，美国通用和德国大众则通过不断巩固在中国和南美一些新兴市场的销售，从而使销售量攀升。

通用汽车重回世界汽车业老大的地位与其在中国市场的出色表现关系密切，中国因素对其复苏起到了至关重要的作用。

根据通用汽车公布的统计数据，中国市场已经占通用汽车全球销量的 28%以上，连续几年超过美国本土市场，成为其最大单一市场。2011 年，虽然中国车市总体增长水平只有 2.5%，但通用汽车在华销量达到创纪录的 255 万辆，同比增长 8.3%。通用汽车已连续 7 年保持中国销量第一。对于排名第二的大众汽车来说，中国市场同样贡献了可观的销量，2011 年大众汽车在中国的汽车销量首次超过 200 万辆，达到 226 万辆，同比增长 17.7%，增速超过大众汽车全球增幅 3.4 个百分点。中国连续三年成为大众汽车全球最大单一市场，占大众汽车集团全球总销量的 27.69%。

【知识窗】

1901 年，第一辆进口汽车登陆上海，从此，中国有了汽车的概念。但也有人说，慈禧乘坐过的一辆汽车是我国进口的第一辆汽车，现还有实物陈列在颐和园内。

1. 慈禧让司机跪着开车

大清统治者慈禧太后，虽昏庸无知、保守顽固，但却与中国大地上出现的第一辆汽车结下不解之缘，而这辆汽车也又一次暴露了慈禧的愚昧和可笑。

1901 年，官拜直隶总督的袁世凯为了讨好慈禧，用 1 万两白银购进一辆第二代奔驰牌小轿车作为慈禧六十大寿的贡礼送给了慈禧太后。此车设计新颖、工艺精湛。慈禧一生享尽了富贵，却从没有见过这种先进的洋玩意儿，看后心中大喜。可是她第一次乘坐汽车去颐和园游览时，当汽车驶出紫禁城后，她突然发现，原来的马车夫孙富龄成了现在的汽车司机，他不仅坐着，而且还坐在自己前面，他不但与自己平起平坐，而且还坐在前面，这还了得，有失自己尊严，立即责令他跪着开车。慈禧的话谁敢不从？司机只好跪着驾驶，但手不能代替脚踩油门和刹车，路上险些酿成惊天大祸，这可吓坏了当时的王公大臣，他们纷纷下跪乞求慈禧不要冒这个险。无奈，慈禧被人搀扶下车，中途又换上她的十六抬大轿。慈禧后来就对汽车失去了兴趣，因为她不能容忍司机坐在她面前开车，她认为司机应跪着。因此这辆车被弃置一旁。后来，此车作为皇宫遗物在紫禁城闲置起来。

辛亥革命后，这辆汽车又从紫禁城移到颐和园至今。经专家鉴定，这是我国进口的第一辆汽车，距今已百余年，它成为了一辆世界罕见的老爷车，受到世人瞩目。此车目前仍停放在颐和园。时至今日，虽然慈禧这位在清朝历史上赫赫有名的人物早已远逝，但是，她的这辆御用汽车，这辆传世的“老爷车”，在饱经了中国近代历史的百年沧桑、内忧外患、战火纷飞之后，却居然奇迹般地保存到了今天。这对于中国汽车发展史来说，不能不说是件幸事。而今，这件珍贵的汽车文物——“中国头号汽车古董”，仍然静静地停放在北京颐和园的“德和园”。

跨进颐和园东大门，不远的地方即是“德和园”。在这座昔日帝后妃嫔看戏的戏院里，一个“清朝帝后用品展览”正在那里举行，进入展室，不仅可以目睹当年帝后妃嫔的一件件用品，还可以亲眼见到慈禧太后那辆老态龙钟的御用汽车。

这是一辆黑色木质车厢、黄色木质车轮与辐条、铜质车灯、实心轮胎、两轴四轮的敞开式古典汽车。乍看上去，就其外观，与其说是一辆汽车，倒不如说它更酷似昔日的一辆四轮马车。在它的车厢内设有两排座位。前排座位是司机席，后排座位则是乘客席，前排只能乘坐一人，后排可以乘坐两人。在车厢的上方撑有一顶由四根立柱支起的车篷，车篷的四周围缀有黄色的丝穗。

至于“汽车的心脏”——发动机，则被巧妙地装置在了乘客席座位的下面。经专家考证，这是一台横置式气缸、10马力的汽油发动机。发动机旁的齿轮变速箱将动力传递给后轴，最高时速为每小时19千米。前悬挂是一横置钢板弹簧，后悬挂是两个普通钢板弹簧。车厢两侧的翼子板系三合板制成。论模样，这一老爷车虽与今日飞驰在公路上的当代汽车的长相相差很远，但其原理、发动机、悬挂系统、转向系统、传动系统已与今日汽车很接近。

2. 中国第一辆汽车的另一种说法

有关中国第一辆汽车，还有另一种说法。1901年，对了解汽车史的人来说是值得关注的一年。当时距离装有内燃机的现代汽车于1886年降生德国已经15年了。这一年，一位叫李恩时的匈牙利人携两辆美国制造的“奥兹莫比尔（Oldsmobile）”牌汽车自香港运到了上海，揭开中国汽车风气之先河。现知，这是两辆黑色木质车身的汽车。一辆是折叠式软篷车顶，一辆是凉篷式车顶。外表与当地的马车十分相似。车上有两排座位，前排为司机席，后排为乘客席。木质车轮辐条，实心轮胎，另装有煤油灯和手捏喇叭。1902年1月30日，上海公共租界工部局开会决定向李恩时的汽车颁发临时牌照，准许上街行驶，每月缴税金两银元。

【项目小结】

1.1956年7月13日，第一批解放牌汽车在长春第一汽车制造厂试制成功。

2.红旗CA770轿车屡屡定格在历史镜头里，它那昂首挺胸的造型设计，富有民族传统气息的装饰风格，体现了不卑不亢的民族气节，也使它永远定格在了人们的记忆里——经典的红旗CA770。

3.首家中外合资汽车企业——北京吉普，开启了我国汽车工业新的篇章。

4.到20世纪90年代中期，为了振兴汽车工业，国家推出了第一个汽车工业产业政策。

5.加入世界贸易组织以来，一直受到高度贸易壁垒保护的中国汽车工业，通过政府有关部门的有效管理和产业界的共同努力，形成了逐步、有序开放的市场环境，全面融入了世界汽车工业体系。

6. 我国汽车市场销售状况良好，稳步发展，势头强劲：中高档乘用车车型将维持较高增速；商用客车行业将持续稳定增长；商用货车行业整体增速将回落，机会在于产品升级与出口。

【想一想】

1. 中国汽车工业的快速发展，对你有何启发？
2. 你认为中国民族汽车品牌该从哪几方面努力？
3. 自己动手找找 A、B、C 各级车型的分类标准。

【练一练　记一记】

一、判断题

1. 第一批驶下生产线的解放牌汽车叫 CA10 型。（　　）

2. CA10 型是以苏联莫斯科斯大林汽车厂（后改为李哈乔夫汽车制造厂）出产的吉斯－150 型载重汽车为蓝本制造的。（　　）

3. 周恩来总理爱国产红旗车，情注国产红旗车，主张坐国产轿车。（　　）

4. 广汽本田成立于 1999 年 7 月 1 日。（　　）

5. 2011 年中国汽车销量在全球排第一。（　　）

二、选择题

1. 我国第一批解放牌汽车是（　　）下线的。

A. 1956 年　　B. 1949 年　　C. 1972 年　　D. 1965 年

2. 首家中外合资汽车企业是（　　）。

A. 上海大众　　B. 一汽大众　　C. 北京吉普　　D. 广汽丰田

3. 2011 年全球汽车巨头，产销第一是（　　）。

A. 德国大众　　B. 日本丰田　　C. 美国通用　　D. 美国福特

4. 一汽大众不生产下面的（　　）系列。

A. 宝来　　B. 帕萨特　　C. 高尔夫　　D. 速腾

5. 下面的（　　）品牌不是我国民族品牌。

A. 吉利　　B. 奇瑞　　C. 桑塔纳　　D. 荣威

项目四
汽车公司企业文化

【学习目标】

- 了解各汽车公司的发展简史
- 了解各汽车公司的企业文化
- 思考各国文化与汽车公司企业文化间的关系

你知道这些标志的意义吗?

图 4-1

图 4-2

图 4-3

图 4-4

图 4-5

图 4-6

任务一　通用汽车公司

一、认识通用

通用汽车公司是全球最大的汽车公司之一，历史可追溯到1908年。通用汽车公司的全球总部位于美国底特律，其业务遍及157个国家。

通用汽车公司与其战略合作伙伴在31个国家建立了汽车制造业务，生产和销售别克、凯迪拉克、雪佛兰、GMC、大宇、霍顿、解放、欧宝及五菱品牌的汽车产品并提供售后服务。通用汽车公司的最大市场是中国，紧随其后的是美国、巴西、德国、英国、加拿大及意大利。通用汽车旗下子公司On Star（安吉星）是汽车安全、信息服务方面的业界领导者。

图4-7　通用总部

二、历史追溯

1.公司的创建(1897年～1909年)

美国于1900年首次在纽约举办汽车展时，全美国的汽车数量还不到8 000辆。但是那次车展吸引了5万多消费者参展，调动起了民众对汽车的热情。由于汽车已成为普通公众的梦想，有100多家不同的新兴美国公司很快加入到该行业的角逐之中——其中三分之二的汽车都是由蒸汽或电力带动。通用旗下品牌的别克、庞蒂亚克、凯迪拉克汽车公司以及后来加入通用的德国欧宝公司都是在这时期投身于汽车行业的。

图4-8　通用创始人杜兰特

通用汽车于1908年9月16日正式成立，其最初的资产仅包括创始人杜兰特的别克汽车公司，并且在当时也未能引起公众及新闻界的关注，直到白星航运公司宣告将由通用汽车开始建造全球最大的远洋客轮泰坦尼克号，通用汽车才真正开始影响这个行业。

2.快速成长期(1910年～1929年)

电灯、电话、收音机和汽车等新发明为全球各地的人们带来了新的梦想。通用汽车首先因电子启动器而独树一帜，该装置由查尔斯·凯特林发明，他于1912年将这一发明应用于凯迪拉克。电子启动器的问世至今仍被公认为是20世纪最具影响力的汽车革新。

图4-9　前通用CEO斯隆

一百年来，通用产品及文化触及了数百万人的生活。这其中包括通用汽车CEO斯隆著名的“不同的钱包，不同的目标，不同的车型”战略。

通用早期的车型Lasalle与当时市面上普遍的棱角分明和

车身高的箱子般外形不同，有着优美的曲线和更长更低的车身外形，使人们意识到汽车不仅仅是一种交通工具。

3.黄金发展期(1930年~1959年)

图4-10 通用二战工厂

20世纪30年代是美国的经济大萧条期，但通用汽车对时尚和创新的追求丝毫未减。1933年的芝加哥博览会上，通用展出了生产装配线和第一款二行程柴油发动机。

随着美国从经济萧条中逐渐复苏，通用汽车推出了全球第一款概念车1938款Y-Job，该车为通用以及整个汽车界的设计趋势指出了方向。

在与全美汽车工人联合工会签署业界第一份协议后，通用汽车迅速将所有工厂转变为二战中同盟国的战时生产厂。公司为同盟国军队供应的物资比任何其他制造商都多，因此著名管理家彼得德鲁克曾说过“是通用汽车为美国赢得了二战的胜利”。

4.改革期(1960年~1979年)

随着美国“垮掉的一代”在20世纪70年代“唯我的十年”中对自我的重新定义，来自其他国家的竞争对手使通用进入了小型车时代。其中标志性的车型是1960款雪佛兰Corvair，这是最早使用的后置气冷式发动机汽车。

图4-11 1960款雪佛兰Corvair

1963年，通用汽车开发出汽车排放控制装置——曲轴箱强制通风阀。这种能大大减少碳氢化合物排放的新式装置很快被业界广泛应用。1971年，通用汽车首次率先推出燃烧低铅或无铅汽油的发动机。1974年通用在引入催化转换器方面又迈出了重要一步。

除了环保节能装置之外，通用在这一时期还应用了安全气囊的前身——气垫保护系统。通用的工程师和科学家还带头为阿波罗11号登月计划开发了导航系统，并且设计和制造了举世闻名的“月球车”。

5.全球化时期(1980年~1999年)

20世纪80年代，通用汽车将重心放在了全球扩张上。1982年西班牙萨拉戈萨联合公司的成立，成为通用汽车有史以来在北美以外进行的最大规模的生产扩张。萨拉戈萨投产后生产的第一个车型是新一代欧宝Corsa。

1995年，北美以外地区的汽车年销售总量首次超过300万辆。同年，在中国，通用汽车与上海汽车工业集团总公司成立了合资企业，上海通用汽车有限公司和泛亚汽车工程技术中心，为其在中国业务的迅猛发展奠定了基础。1999年，第一款别克开始在中国生产和销售，别克至今已成为中国最受欢迎的汽车品牌。

通用汽车在20世纪制定的目标，是将各地区公司整合为一个全球团队。

6.创新发展期(2000年至今)

新世纪，能源和环境成为人们越来越关注的主题。同时，新一代年轻消费者的喜好也为通用的创新之路提出了新的要求。

根据能源多样化的全球战略，通用汽车为各地消费者提供了广泛的动力选择。包括更节能的汽油发动机、可再生的生物燃料、混合动力系统和燃料电池系统。

图 4-12 雪佛兰 E-Flex 系统概念车

E-Flex 系统是通用最新推出的电动汽车架构概念。人们可以根据当地的可用能源在同样的空间里选择安装不同的推进系统，这将使能源选择具有极大的灵活性——人们可以从包括风能、太阳能、地热能、水电能等可再生资源，生物燃料，或多种常规能源中获得氢或电力，也可以直接通过外接电源充电获取电能，完美地解决了汽车能源的全球适应性问题。

任务二 丰田汽车公司

一、公司简介

丰田汽车公司，简称“丰田”(TOYOTA)是一家总部设在日本爱知县丰田市和东京都文京区的汽车工业制造公司，前身为日本大井公司，隶属于日本三井产业财团。丰田是世界十大汽车工业公司之一，是日本最大的汽车公司，创立于 1933 年。

丰田汽车公司自 2008 年始逐渐取代通用汽车公司而成为全世界排行第一位的汽车生产厂商，2011 年其排名退居第三。丰田汽车公司旗下品牌主要包括雷克萨斯、丰田等。

图 4-13 丰田喜一郎

二、丰田历程

1867 年 丰田佐吉诞生

1924 年 丰田佐吉发明在不停止机器的状态下可自动换梭的 G 型自动织机

1929 年 将自动织机的专利转让给英国公司

1930 年 丰田喜一郎开始研究开发小型汽油发动机

1933 年 在丰田自动织机制作所内设立汽车部

1936 年 丰田 AA 型轿车问世

1937 年 丰田汽车工业公司诞生(资本金 1 200 万日元)

1938 年 举母工厂(现在的总公司工厂)建成投产

1950 年 经营危机(劳资争议以及精减员工)，成立丰田汽车销售公司

1951 年 开始推行“积极思考、提出改善建议”的制度

1955 年 发布 Toyopet Crown、Toyopet Master、Crown Deluxe

1957 年　首次向美国出口丰田轿车 Crown，设立美国丰田汽车销售公司
1959 年　元町工厂（亚洲首个汽车整车工厂）建成投产
1962 年　签订《劳资宣言》
1965 年　荣获戴明奖
1966 年　发布 Corolla，高冈工厂投入运转
1972 年　丰田邀请中国汽车工业代表团访日
1974 年　成立丰田财团
1975 年　参与住宅建设事业
1982 年　丰田汽车工业公司与丰田汽车销售公司合并为丰田汽车公司
1988 年　美国 TMM（现 TMMK）建成投产
1989 年　在美国设立 LEXUS 经销店
1992 年　英国 TMUK 建成投产
1997 年　发布 PRIUS（世界首个量产的混合动力汽车）
1999 年　日本国内累计汽车产量达到 1 亿辆，印度 TKM 投产
2000 年　中国四川丰田汽车有限公司建成投产（现四川一汽丰田汽车有限公司）
2001 年　法国 TMMF 建成投产
2002 年　中国天津一汽丰田汽车有限公司建成投产
2006 年　中国广州丰田汽车有限公司投产（现广汽丰田汽车有限公司）
2010 年　丰田汽车研发中心（中国）有限公司（简称 TMEC）成立
2011 年　丰田混合动力车全球累计销量突破 330 万辆

图 4-14　丰田自动织机

图 4-15　丰田 AA 型轿车

图 4-16　Toyopet Crown 广告

图 4-17　丰田普锐斯

三、丰田文化和丰田理念

1.丰田文化

较高的教育水平和企业人才培训体系的建立，是企业乃至社会经济飞速发展的基础。作为企业文化和人力资源管理结合中的一部分，丰田公司的企业教育取得了很大的成果。丰田公司对新参加公司工作的人员，有计划地实施职业教育，把他们培养成为具有独立工作本领的人。这种企业教育，可以使受教育者分阶段地学习，并且依次升级，接受更高的教育，从而培养出高水平的技能集团。

在丰田，教育的范围不仅仅限于职业教育，而且还进一步深入到个人生活领域。教育的目标具有生活中的实际意义因而能够被员工普遍接受。有人问："丰田人事管理和文化教育的要害和目标是什么?"丰田的总裁曾作了这样的回答："人事管理和文化教育的实质是，通过教育把每个人的干劲调动起来。"丰田教育思想是以"调动干劲"为核心。

2.丰田理念

➢ 遵守国内外的法律法规，通过公开、公正的企业活动争做得到国际社会信赖的企业公民。

➢ 遵守各国、各地区的文化习俗，通过扎根于当地社会的企业活动，为当地经济建设和社会发展作出贡献。

➢ 以提供环保安全的产品为使命，通过所有企业活动为创造更美好舒适的生存环境和更富裕的社会而不懈努力。

➢ 在各个领域不断研发最尖端的科学技术，提供能满足全球顾客需求且充满魅力的产品和服务。

➢ 以劳资相互信赖、共同承担责任为基础，营造出能够最大限度发挥个人创造力和团队力量的企业文化。

➢ 通过全球化的创造性经营，努力实现与社会的协调发展。

➢ 以开放性的业务往来关系为基础，致力于相互切磋与创新，实现共生共存、长期稳定发展的良好关系。

任务三 梅赛德斯—奔驰公司

一、奔驰简介

奔驰，德国汽车品牌，被认为是世界上最成功的高档汽车品牌之一，其完美的技术水平、过硬的质量标准、推陈出新的创新能力，以及一系列经典跑车款式令人称道。奔驰三叉星已成为世界上最著名的汽车品牌标志之一。1886 年，卡尔・本茨发明第一辆汽车。自 1900 年 12 月 22 日戴姆勒发动机工厂(Daimler)向其客户献上了世界上第一辆以梅赛德斯(Mercedes)为品牌的轿车开始，奔驰汽车就成为汽车工业的楷模。

图 4-18 奔驰 logo

二、奔驰简史

1878 年 2 月，卡尔·本茨在他 34 岁时，首次研制成功了一台二行程煤气发动机。1882 年 4 月，戴姆勒辞去奥托公司职务，与朋友们共同创建汽车制造厂。

1883 年 3 月，卡尔·本茨开始创建奔驰公司和莱茵煤气发动机厂。与此同时，戴姆勒成功地发明了世界上第一台高压缩比的内燃发动机，成为现代汽车发动机的鼻祖。

1885 年 9 月，戴姆勒把他的单缸发动机装到自行车上，制成了世界上第一辆摩托车。同年 10 月，卡尔·本茨设计制造了一辆装汽油机的三轮汽车。

1886 年 3 月，卡尔·本茨发明的以汽油发动机为动力的三轮车被授予专利，与此同时，戴姆勒也发明出了他的第一辆四轮汽车，同年他还取得了船用发动机专利。

1889 年 7 月，戴姆勒首先为他的汽车安装上了四挡变速器。1890 年 6 月，戴姆勒汽车公司(DMG)成立，迈巴赫设计了第一台直列 4 缸四冲程发动机。

1897 年 8 月，世界首家出租车服务公司在斯图加特将戴姆勒制造的汽车作为出租车，并投入运营。

1902 年 10 月，戴姆勒获得了“梅赛德斯”法定使用权，并将“梅赛德斯”作为其新的商标。

1903 年 12 月，奔驰汽车公司的第一种装有对置式水冷发动机和传动轴的汽车——帕西法尔型汽车制造成功。

1910 年 11 月，奔驰汽车公司开发了第一台 4 气门发动机。

1914 年 3 月，奔驰汽车制造了第一台 12 气缸 250 马力的航空发动机。

1926 年 6 月 29 日，戴姆勒汽车公司和奔驰汽车公司合并，成立了在汽车史上举足轻重的戴姆勒—奔驰公司(Daimler-Benz)，从此它生产的所有汽车都命名为“梅赛德斯—奔驰”(Mercedes-Benz)。在这之后，公司坚持以生产军用产品为方针，决心依靠德意志银行建立全德统一的汽车工业康采恩。

1936 年 4 月，“梅赛德斯—奔驰”汽车公司首次将柴油发动机成功地安装在了轿车上，从而使轿车的使用费用大大降低。

1954 年，公司在 300SL 型汽车上率先使用了汽油喷射装置，从而成为了淘汰传统化油器的新科技。

1961 年，公司推出了第一款带有空气悬架的汽车 300SE。

图 4-19　戴姆勒和奔驰

1972 年，公司开发了一款全新的豪华车 280SE。随后，这款车被命名为“S-Class”(内部代号：W116)，也就是我们熟悉的最早的 S 系列车。

1979 年，公司凭借着全新开发的“G-Class”进军越野车市场。

1986 年，梅赛德斯—奔驰(中国)有限公司在香港成立。

1998 年，德国戴姆勒—奔驰公司和美国克莱斯勒公司合并为全球化运营的戴姆勒-克莱斯勒集团。

1999年，公司首次突破年销售100万辆轿车的大关。

2004年12月6日，梅赛德斯—奔驰新工厂的奠基仪式在北京隆重举行。

2005年8月8日，由北京汽车工业控股有限责任公司与戴姆勒—克莱斯勒股份公司、戴姆勒—克莱斯勒(中国)投资有限公司组建的北京奔驰—戴姆勒—克莱斯勒汽车有限公司(BBDC)在北京正式成立。BBDC的成立是梅赛德斯—奔驰对中国市场高度重视和倾力投入的又一有力证明，此举进一步增强了梅赛德斯—奔驰在中国的实力，同时也正式揭开了梅赛德斯—奔驰E级轿车国产的序幕。

2005年12月22日，北京奔驰—戴姆勒—克莱斯勒汽车有限公司首批国产。

2010年4月底，北京车展上北京奔驰的全新长轴距E级300L轿车全球首发，按照计划，5月10日，奔驰长轴距E级轿车将在北京奔驰正式生产，6月共有3个车型上市，首先上市的是E300L和E260L，2011年年初E200L上市。至此，北京奔驰迈上了发展的高速轨道。

图4-20　奔驰SLS

图4-21　奔驰G-Class

图4-22　奔驰E-Class

图4-23　奔驰S-Class

三、企业文化

1.奔驰核心企业精神：公平、尽责

公平：公平竞争、公平经营

尽责：自身经济利益——打造顶级汽车品牌

　　社会利益——树立榜样

2.奔驰理念

- 传统理念和传统价值——安全、优质、舒适、可靠
- 快乐感理念和潮流价值——追求个性，客户导向

图 4-24　奔驰经销商

➢ 共同责任理念和社会价值——推动汽车环保事业

3.奔驰管理

质量文化:重视人才的素质
　　　　　精工细作,严肃工作制度
　　　　　把好质量关,严格检查制度

服务文化:梅赛德斯—奔驰拥有强大的售后服务网络
　　　　　定期的维护保养计划
　　　　　充足的零配件供应

技术创新与管理创新:安全与节能

任务四　法拉利公司

汽车是交通工具的代名词,但是“红色闪电”法拉利已经超越了这个范畴。具有世界上独一无二的特征,其他汽车无法与之相提并论。

图 4-25　法拉利 Enzo

一、品牌由来

图 4-26　法拉利工厂

法拉利(Ferrari)是一家意大利汽车生产商,1929 年由恩佐·法拉利创办,主要制造一级方程式赛车及高性能跑车,法拉利生产的汽车大部分采用手工制造,年产量大约 4 300 台。总部位于意大利摩德纳(Modena)附近的马拉内罗(Maranello)。早期的法拉利赞助赛车手及生产赛车,1947 年独立生产汽车,其后逐渐成为今日的规模。现在菲亚特公司拥有法拉利 50%股权,但法拉利却能独立于菲亚特公司运营。

二、公司所在地

历史造就了文化，岁月凝结着价值，血液里流淌着家族传承下来的霸气，法拉利诞生在意大利也许是历史的安排。恺撒驱驾铁骑席卷欧洲，成为王者，永存于历代意大利人的心中；但丁的《神曲》是中世纪复兴之路的巅峰之作；达·芬奇的《蒙娜丽莎》、米开朗基罗的《大卫》本着对艺术的追求，不惜生命换来耀眼的辉煌；还有如马可·波罗这样探索未知世界的先驱，在鲜花广场上用鲜血谱写真理的布鲁诺。这样的一个国家、一片土地、一个民族，它有资格缔造这位红色女神。

意大利素有"高性能汽车王国"之称，作为菲亚特公司的王牌，法拉利跑车无疑是王冠上最美的那颗钻石。精彩的法拉利有着红魔般的震撼力：它那刚劲和难以言喻的经典"红魔"造型，表达了运动与造型完美的结合；加速与极速会让你真正地体会到风驰电掣的感觉，体会到法拉利就是速度之神的化身。

世界上会踢足球的人很多，但不是人人都是马特拉齐；世界上会作曲的人更多，但不是人人都是卡其尼；世界上有很多的汽车制造商，但产品能够达到法拉利跑车水平的只有一家。对人们来说，拥有法拉利不仅仅是拥有一辆汽车，更是其对生活品质、生活方式的崇高追求的体现。

三、品牌文化

1.速度和力量的载体

法拉利的技艺精湛，品质卓越，既富有阶级的象征，更堪称车族中的稀世珍宝。在世人看来，它早已不是现实的汽车，而是人间的一件艺术品。性感、惊艳、速度、活力、贵族、钢铁元素、原始手工、红色火焰般的热情……被称为"红魔"的法拉利似乎是人们对汽车理想状态的拼盘，通常只出现在影视屏幕或时尚杂志之中，在奔驰、宝马挤满的路面上，法拉利依旧保持着它昂贵而独特的个性，打造其所引领的跑车神话。

图 4-27　法拉利 F40

图 4-28　法拉利 Testa Rossa 赛车

图 4-29　法拉利 512TR

很多人喜欢法拉利，是因为它独一无二的速度。法拉利跑车和赛车的最大特点是马力大，每辆跑车都装有一部赛车发动机，发动机最高转速可达 7 000 至 10 000 转，功率超过 500 马力，最高车速超过每小时 300 千米。法拉利汽车产品中，最为著名的是为纪念公司成立 40 周年设计的 F40 跑车和最高级的 Testa Rossa 赛车，它们的售价都高达几十万美元。最新型号(1992 年投产)为 512TR。现在销售的产品有法拉利 348、法拉利世界牌以及法拉利 Testa

Rossa 等。法拉利汽车公司的创始人恩佐·法拉利说，他最中意的赛车是他还没有造出来的赛车，他最大的成功是他还没有达到的成功。这位被誉为“赛车之父”的意大利人，嗜车如命的血液从小就在他的身上沸腾。当他 13 岁时，终于说服了父亲，开始了自己单独驾车的历史。他当时驾驶着阿尔法·罗密欧驰骋赛场，屡获胜利，被队友们誉为赛车队的“骑士”。他由参加赛车到组建俱乐部，最后终于创建了自己的汽车公司。1947 年 5 月 25 日，法拉利自己设计并制造的运动车获罗马最高奖，这是他的首次成功。从此，法拉利汽车公司就不断在各国公路和大赛上刮起了强劲的红色旋风。1993 年，第一辆红色的法拉利轿车进入中国。交接仪式在北京天坛的祈年殿进行。从此中国人也有机会一睹名车风采。

2.法拉利的跑车王国

图 4-30　恩佐·法拉利

早期的法拉利汽车，都是由创始人恩佐·法拉利设计。他以一个赛车运动员和艺术家的双重身份设计汽车。因而他的作品既有强烈的动感、艳丽的色彩，同时又把驾驶室的每一部件都设计得天衣无缝，让驾驶员操作起来得心应手。法拉利汽车大部分采用手工制造，因而产量很低，一般年产量 4 000 辆左右，因此售价高昂，而拥有法拉利汽车也自然成了财富和地位的象征。1942 年，离开了阿尔法汽车公司的恩佐·法拉利回到他的出生地摩德纳开始创业。赛场冠军坚定了他经营车队的信心，但是他的梦想被无情的战争摧毁了。二战结束以后，法拉利将工厂搬到了偏远的马赫阿耐罗村，在那里购置了空地建造了厂房，自己重新将公司称为法拉利车队俱乐部。之后在两年的时间里，他制造出了巨大的 12 缸发动机，帮助法拉利车队再次赢得荣耀。1947 年，第一辆以法拉利名字命名的跑车终于闪亮登场，法拉利汽车王国从此便开始了永不没落的汽车之旅。

1948 年，法拉利汽车公司在都灵车展上，展示了最新型的法拉利 166。在车身设计师卡罗齐亚的天才创意下，展出了两座的巴尔凯塔跑车和四座的贝利贝塔小轿车。同其他公司一样，法拉利善于利用赛场上的辉煌来推销它的运动型跑车，这些车由于在外观和性能上与赛车相距不远，因而大受欢迎。

动一动：自己动手，去找找资料，看法拉利公司还有什么传奇故事。

任务五　中国一汽

一、公司简介

图 4-31　一汽总部

中国第一汽车集团公司简称中国一汽或一汽，总部位于吉林省长春市，前身是第一汽车制造厂，毛泽东主席题写厂名。一汽 1953 年奠基兴建，1956 年建成并投产，制造出新中国第一辆解放牌卡车。1958 年制造出新中国第一辆东风牌小轿车和第一辆红旗牌高级轿车。一汽的建成，开创了中国汽车工业新的历史。经过五十多年的发展，一汽已经成为国内最大的汽车集团之一。2009 年 10 月，中国第 1 000 万辆自主轿车在长春下线，中国成为名副其实的汽车强国。一汽现有职能部门 18 个，全资子公司 28 个、控股子公司 18 个。其中上市公司 4 个，分别是一汽轿车股份有限公司、长春一汽富维汽车股份有限公司、天津一汽夏利汽车股份有限公司、一汽启明信息技术股份有限公司。主营业务板块按领域划分为：研发、乘用车、商用车、毛坯零部件、辅助和衍生经济六大体系。现有员工 13.2 万人，资产总额 1 340 亿元。一汽经过多年的发展建设，培育了以“学习、创新、抗争、自强”企业精神为核心的企业文化；初步建立了适应市场竞争需求的现代企业制度；逐步形成了东北、华北、西南三大基地，形成了立足东北、辐射全国、面向海外的开放式发展格局；改造并建设了一汽解放卡车新工厂、一汽轿车新工厂、一汽大众轿车二工厂、天津一汽丰田轿车二工厂等新工厂，形成了较为先进的生产制造阵地；自主研发与企业核心竞争能力不断提升，形成了卡车、轿车、轻微型车、客车等多品种、宽系列的产品格局；拥有解放、红旗、奔腾、夏利、威志等自主品牌和大众、奥迪、丰田、马自达等合资合作品牌。

一汽产销量连续多年居中国汽车行业之首。2004 年，企业年销量率先突破 100 万辆，树起了中国汽车工业发展史上的里程碑。2007 年，一汽实现销售车辆 143.6 万辆，实现销售收入 1 885 亿元，位列世界 500 强第 303 位，中国企业 500 强第 14 位，世界机械 500 强第 49 位，中国机械工业 500 强第 1 位，中国制造业企业 500 强第 2 位和 2007 年度“最具影响力企业”第 2 位。中国一汽以 605.78 亿元的品牌价值位列国内汽车行业第一。面向未来，一汽提出了坚持用户第一，尊重员工价值，保障股东利益，促进社会和谐，努力建设具有国际竞争力的“自主一汽、实力一汽、和谐一汽”的奋斗目标。一汽人正以自己特有的汽车情怀，抗争图强，昂扬向上，为推动汽车工业又好又快发展，为实现人、车、社会和谐发展作出新的更大的贡献。

二、企业文化

一汽人的信念：

我们奉行第一汽车、第一伙伴的核心价值观。我们造车人要用汗水和智慧，让中国每个家庭都拥有自己的汽车。

我们奉行学习、创新、抗争、自强的企业精神。坚信观念是生产力，观念是竞争力，永求第一。

我们奉行用户第一的经营理念。以第一的质量造名牌汽车，把第一的服务送给广大用户。

我们奉行民族品牌、开放合作的发展理念。铭记狮子和羚羊赛跑的警示，比市场需求快一步。

我们奉行质量是策划出来的产品品质理念。第一次就把事情做对。

我们奉行耐住寂寞，从“0”和“1”做起，人赢则赢的管理思想。

我们建设具有良好社会形象高品位的企业。全力支持合作伙伴做大做强，追求人、车、社会和谐发展。

【见识一下】

容易混淆的汽车分类

1. MPV 的全称是 Multi Purpose Vehicle，即多用途汽车。它集轿车、旅行车和厢式货车的功能于一身，车内每个座椅都可调整，并有多种组合的方式，例如可将中排座椅靠背翻下即可变为桌台，前排座椅可做 180 度旋转等。

近年来，MPV 趋向于小型化，并出现了所谓的 S-MPV，S 是小(Small)的意思。S-MPV 车长一般在 4.2～4.3 m 之间，车身紧凑，一般为 5～7 个座。

2. SUV 的全称是 Sport Utility Vehicle，中文意思是运动型多用途汽车。SUV 一般前悬架是轿车型的独立悬架，后悬架是非独立悬架，离地间隙较大，在一定程度上既有轿车的舒适性又有越野车的越野性能。由于带有 MPV 式的座椅多组合功能，使车辆既可载人又可载货，适用范围广。

3. RV 的全称是 Recreation Vehicle，即休闲车，是一种适用于娱乐、休闲、旅行的汽车，首先提出 RV 汽车概念的国家是日本。RV 的覆盖范围比较广泛，没有严格的范畴。从广义上讲，除了轿车和跑车外的轻型乘用车，都可归属于 RV。MPV 及 SUV 也同属 RV。

任务六　吉利汽车

一、公司简介

浙江吉利控股集团有限公司是中国汽车行业十强企业，1997 年进入轿车领域以来，凭借灵活的经营机制和持续的自主创新，取得了快速的发展，资产总值超过 140 亿元。连续六年进入中国企业 500 强，连续四年进入中国汽车行业十强，被评为首批国家“创新型企业”和首批“国家汽车整车出口基地企业”，是“中国汽车工业 50 年发展速度最快、成长最好”的企业。浙江吉利控股集团有限公司现有帝豪、全球鹰、英伦三大品牌 30 多款整车产品，拥有 1.0～2.4 升全系列发动机及相匹配的手动和自动变速器。

吉利控股集团有限公司 2009 年 12 月 23 日宣布，已与福特汽车公司就收购沃尔沃轿车公司的所有重要商业条款达成一致。吉利通过沃尔沃拥有其关键技术和知识产权的所有权，并有权使用大量的知识产权，包括沃尔沃的安全与环保方面的知识产权。

图 4-32　吉利　　图 4-33　沃尔沃　　图 4-34　帝豪　　图 4-35　全球鹰

品牌释义：我们同在一片蓝天下，我们来自不同的成长背景，我们面对同一个世界，都是为了一个共同的愿望——让世界充满吉利。

二、吉利文化

1. 企业愿景——“让世界充满吉利”

这是吉利集团对世界最美好的祝愿，这句话有两层寓意：一是期望吉利汽车和先进技术，享誉世界，走遍全球；二是要将“大吉大利”这个美好的祝愿送给所有的人，为世界和平、进步、吉祥如意祈祷。

2.企业使命——造最安全、最环保、最节能的好车，让吉利汽车走遍全世界

安全是人类生命的根本保障，环保是人类生活的基本诉求，节能是人类生存的必要条件。在用户更加关注安全、环保、节能的今天，能否制造充分保障生命、爱护环境的汽车，已成为世界汽车业的共识。吉利人以此为己任，为此而奋斗。

3.企业文化建设方向——人性化管理，军事化高效执行

图 4-36 李书福

现代企业管理的一个共同理念就是以人性化为基本前提，人文关怀，同事友爱，团队合作，尊老爱幼，热爱祖国，尊重历史，弘扬民族文化，继承优良传统，乐意接受不同国家的人所表现出来的热爱自己祖国的爱国热情，充分体现不同民族、不同习惯、不同政治背景的人们之间的相互尊重、相互帮助的人间真情，这一切都是体现管理人性化的重要内容。

在市场经济条件下，企业是充满竞争的团体，经营成果不会从天上掉下来，企业竞争不进则退，企业竞争需要把每一个人的积极性都调动起来，通过有机的组织体系，把大家的奉献精神、创造精神激发出来汇合成一股团队力量，参与市场的竞争，这就是人性化的另一方面。如何公平、公正、公开分配利益、职位、名誉、奖罚，把人的工作成果、工作能力区分开来，如像竞技场上的运动员一样，成绩一目了然，这就是所谓的神经管理。但是，如何才能把运动员的成绩及时、公平、公开、公正地区分开来，这就需要制定游戏规则，需要设计管理流程，需要培训管理干部。所谓人性化神经管理，其实质就是人性化管理的两个方面，或者说人性化管理的两个层次：既要让吉利的每一位员工、干部都充分感受到吉利大家庭的温暖，感受到真实人性的关爱，又要让大家清楚地认识到游戏规则的刚性与无情，从而保证吉利的每一位员工、干部的工作都自觉地遵守规则，尊重规则，维护规则的严肃性。

图 4-37 吉利沃尔沃

充分授权，严格管理，考核清晰，奖罚分明是吉利企业文化的重要组成部分，是企业经营管理的具体行动纲领，每一个部门、分厂、车间都必须要体现充分授权、严格监管、考核清晰、赏罚分明的管理精神，都必须要建设一个虚拟“跑马场”，按照赛马不相马，公平、公开、公正的基本比赛规则，实行一目了然、优胜劣汰的阳光管理。坚实的业务功底，铁板一块的原则，大无畏的人格魅力，是每一位吉利人的基本素质；虚心好学，持续改进，科学严谨是吉利人健康发展的基本素养。

【知识窗】

市场上汽油有 90、93、95、97 等标号，这些数字代表汽油的辛烷值，也就是代表汽油的抗爆性，与汽油的清洁无关。所谓“高标号汽油更清洁”的说法纯属误导。按照发动机的压缩比或汽车使用说明书的要求加油，更科学，更经济，并能充分发挥发动机的效率。

图 4-38　油价指示牌

汽车发动机在设计阶段，会根据压缩比设定所用燃油的标号。压缩比是发动机的一个非常重要的结构参数，它表示活塞在下止点压缩开始时的气体体积与活塞在上止点压缩终了时的气体体积之比。从动力性和经济性方面来说，压缩比应该越大越好。压缩比高，动力性好，热效率高，车辆加速性、最高车速等会相应提高。但是受气缸材料性能以及汽油燃烧爆震的制约，汽油机的压缩比又不能太大。简单地说，高压缩比车使用高标号的燃油。燃油标号越高，油的燃烧速度就越慢，燃烧爆震就越低，发动机需要较高的压缩比。反之，低标号燃油的燃烧速度较快，燃烧爆震大，发动机压缩比较低。

燃油的标号还涉及发动机点火正时的问题。低标号燃油燃烧速度快，点火角度要滞后。高标号燃油燃烧速度慢，点火角度要提前。例如，一台发动机按照说明书要求应加 93 号汽油，现在加了 90 号汽油，可能会造成发动机启动困难。

选择汽油标号的主要依据是发动机的压缩比。盲目使用高标号汽油，不仅会在行驶中产生加速无力的现象，而且其高抗爆性的优势无法发挥出来，还会造成金钱的浪费。

【知识链接】

汽车公司门户网站

1. 通用汽车公司：www.gmchina.com
2. 丰田汽车公司：www.toyota.com.cn
3. 梅赛德斯-奔驰公司：www.mercedes-benz.com.cn
4. 法拉利公司：www.ferrari.com
5. 中国一汽：www.faw.com.cn
6. 吉利汽车：www.geely.com

【项目小结】

1. 通用汽车公司是全球最大的汽车公司之一，历史可追溯到 1908 年，企业文化深厚。
2. 丰田教育思想是以“调动干劲”为核心。
3. 奔驰核心企业精神：公平、尽责。
4. 法拉利不仅仅是汽车，更是高品质生活的体现。
5. 一汽核心价值观：第一汽车、第一伙伴；企业精神：学习、创新、抗争、自强。
6. 吉利使命：造最安全、最环保、最节能的好车，让吉利汽车走遍全世界。

项目五 解读汽车标志的秘密

任务一 中国汽车品牌

图 5-1 国产轿车代表——红旗轿车

奇瑞汽车

中文品牌释义：奇，有“特别地”的意思；瑞，有“吉祥如意”的意思。两个字合起来就是特别地吉祥如意。

图 5-2 奇瑞车标

英文品牌释义：Chery 是英文单词 Cheery（中文意思为“欢呼地、兴高采烈地”）减去一个“e”而来，表达了企业努力追求、永不满足现状的理念。

标志的整体是英文字母 CAC 的一种艺术化变形。

CAC 即英文（Chery Automobile Corporation）的缩写，中文意思是奇瑞汽车股份有限公司。

标志中间“A”为一变体的“人”字，预示着公司以人为本的经营理念。

徽标两边的“C”字向上环绕，如同人的两个臂膀，象征着团结和力量，环绕成地球形的椭圆状；中间的“A”在椭圆上方的断开处向上延伸，寓意奇瑞公司发展无穷，潜力无限，追求无限。

整个标志又是“W”和“H”两个字母的交叉变形设计，为“芜湖”一词的汉语拼音的声母。

一汽汽车

中国一汽视觉识别系统的核心要素是以“1”字为视觉中心，由“汽”字构成展翅的鹰形，构成雄鹰在蔚蓝天空翱翔的视觉景象，寓意中国一汽鹰击长空，展翅翱翔。

图 5-3　一汽车标

比亚迪

比亚迪 logo 在 2007 年已由蓝天白云的老标换成了只用三个字母和一个椭圆组成的标志了，BYD 的意思是 Build Your Dreams，即为成就梦想。

图 5-4　比亚迪车标

长城

车标是椭圆外形：立足中国，走向世界；烽火台形象：中国传统文化象征；剑锋箭头：充满活力，蒸蒸日上，敢于亮剑，无坚不摧；立体“1”：快速反应，永争第一。

图 5-5　长城车标

荣威

荣威(Roewe)品牌的商标图案整体结构是一个稳固而坚定的盾形，暗寓其产品有着可信赖的尊崇品质，以及上海汽车自主创新、国际化发展的坚强决心与意志。

以红、黑、金三个主要色调构成，这是中国最经典、最具内蕴的三个色系，红色代表中国传统的热烈与喜庆，金色代表中国的富贵，黑色则象征威仪和庄重。

以两只站立的东方雄狮构成。狮子是百兽之王，在中国宫廷大殿、私家豪宅的正门前，左右分别蹲坐着石雕或铜铸的雄赳赳的狮子，气宇轩昂，凛然而不可冒犯，代表着吉祥、威严、庄重。在西方文化中，狮子也是王者与勇敢精神的象征，其昂然站立的姿态传递出一种崛起与爆发的力量感。双狮图案以直观的艺术化手法，展现出尊贵、威仪、睿智的强者气度。

图案的中间是双狮护卫着的华表。华表是中华文化中的经典图腾符号，不仅蕴含了民族的威仪，还具有高瞻远瞩，祈福社稷繁荣、和谐发展的寓意。

图 5-6　荣威车标

图案下方用现代手法绘成的符号是字母“RW”的融合，是品牌名称的缩写，同时“RW”在古埃及语中亦代表狮子。此外，图案的底部为对称分割的四个红黑色块，暗含着阴阳变化的玄机，代表了求新求变、不断创新与超越的企业意志。

厦门金龙

椭圆形的设计灵感来自地球的形状，表明企业的资源来自地球，金龙要制造世界级的中国客车。标志中抽象的“人”形，寓意企业服务于人的“处处关怀”理念。“人”字的右撇与椭圆相连，表明企业根植于民族工业；左撇与椭圆留有空间，表明金龙人志在领先，并深知开拓无止境，唯有加倍努力，才能“时时领先”于客车制造业。

图 5-7　厦门金龙车标

英伦

图标采用中国传统的太极图形状，当中所运用的特征元素分别取材于中英两国文化。英国标志性雕像“不列颠尼亚女神”是英国的化身，反映出英伦品牌的英国历史背景和文化根基；星形图案使人联想到中国国旗上的五星；六段线条源自于吉利集团的六六大顺标志，象征着幸运和财富，也寓意“团队精神、学习精神、创新精神、拼搏精神、实事求是、精益求精”的吉利精神。热情的红、浩瀚的蓝、雍容的暗金、智慧的黑，配合以风格经典、流畅自如的“Englon”字体，带给人无限的联想空间，英伦品牌美好亲切的气度、英伦经典的魅力跃然而出，体现了英伦品牌不断开拓创新、放眼全球的战略目标。外廓为圆形，彰显圆润、和谐，传统与现代相得益彰；整体形象代表东西方文化的完美融合，展现底蕴深厚的文化内涵，传递英伦中西合璧的背景，高贵亲切的气度，以及源于经典但不止于经典、不断进取的品牌个性。

图 5-8　英伦车标

华普

“SMA”是上海华普汽车有限公司“Shanghai Maple Automobile”的英文缩写。华普的标徽形似枫叶，寓意深远。标徽中心是一片向上的枫叶，象征华普的事业根植于上海枫泾，从这里出发，走向全国，走向世界；中间最高的主叶，象征华普人用户至上的至高理念，左右两片辅叶代表华普汽车以品质为本，以服务为先的经营理念，并以人本务实、诚信共赢理念为支撑，大力弘扬海派文化；蓝色边底，象征华普人海一般的胸怀，吸纳国内外的贤人志士与先进科技，以发达华普，光大华普。双圆像车轮，象征华普人励精图治，创新拼搏，不断追求完美，不断创造新的不朽业绩！

图 5-9　华普车标

红旗

红旗图形商标立在发动机盖的前端；另一商标是在椭圆中有一带羽毛的“1”，表示“中国第一汽车集团”。该商标镶嵌在散热器的正中；文字“红旗”商标则标注在车尾。红旗新商标以“1”字形为依托，将代表全球的椭圆与“1”字形有机结合起来，构成简洁、流畅、活泼的造型，强调了“第一”的品牌名称及其意义。

图 5-10　红旗车标

东南

“鹏鸟”造型整体由“South”和“East”的首字母变幻组成，意指东南汽车。

“鹏鸟”的头部造型设计，由东南昂首朝上，表现出振翅欲飞的态势，表现出企业旺盛、强烈的进取心及能力。

椭圆造型，象征源源不断的能量感，更如一颗永远追求进步和卓越的心灵。

刚中带柔的线条，凸显东南汽车是“稳固、实用、高质量”的好车。

图 5-11　东南车标

整个“鹏鸟”造型设计，代表着王者的高贵，展现出前瞻的、跃动的、深具能量的企业风格和“鹏起东南，行诸四海”的企业理念与雄心，带给消费者高品位及尊荣感的视觉印象。

海马

海马汽车的标志是在象征太阳的圆上嵌一个抽象的鹰隼形状，

图 5-12　海马车标

寓意为“旭日东升，鲲鹏展翅”，代表了海马汽车奋发向上、矢志腾飞的企业形象。

吉利

吉利车标的涵义是：“椭圆”象征地球，表示面向世界、走向国际化；椭圆在动态中是最稳定的，喻示及祝愿吉利的事业稳如磐石，在风雨中屹立不倒。

➢ 象征太阳的光芒，只有走进太阳，才能吸取无穷的热量，只有经过竞争的洗礼，才能百炼成钢。

➢“六六大顺”，祝愿如意、吉祥。

➢ 吉利一步一个台阶，不断超越，发展无止境。

➢ 中华优秀传统文化的底蕴才是吉利不断发展超越的精神源泉。

图 5-13　吉利车标

➢ 发展民族工业，走向世界，是吉利不舍不弃的追求。

“内圈蔚蓝”：象征广阔的天空，超越无止境，发展无止境；“外圈深蓝”：象征无垠的宇宙，超越无限，空间无限。

帝豪

帝豪(Emgrand)，象征“豪华、稳健、力量”，是吉利汽车在吉利母品牌之下构建的一个子品牌。帝豪品牌对吉利汽车有传承亦有突破，其标识设计高贵、庄雅，透露着浓郁的国际化特质，在甩掉吉利原有历史印象包袱的同时，也有效地传承了固有优秀文化基因。稳重、高贵的标识内涵将卓有成效地为帝豪品牌开拓广阔而稳定的全新市场助力。

图 5-14　帝豪车标

启辰

中文名：启辰，即启明星，开启光明的第一道辉芒，指引未来方向。英文名：Venucia，源于希腊文，本意启明星。

品牌寓意：它承载着启辰的梦想，以企业使命为源头，秉承尊重的信念，至善践行，以世界级先进技术为中国主流消费者开启愉悦高品质汽车生活的品牌梦想。品牌标志是：“蔚蓝星空五星辉映”。

“蔚蓝星空”寓意着启辰立志高远，矢志不渝的无限追求；“五星辉映”源自“天有五星，地有五行”，“五行俱全”寓意和谐，蕴涵祥瑞之意，并诠释着启辰更深层次的品牌内涵。

图 5-15　启辰车标

蓝色：象征着深邃的梦想，蕴涵希冀，意指这是有梦想的品牌。

五角星：拥有黄金分割比例，是象征完美的符号。表达了东风日产为实现梦想，不断追求完美的态度。

银色大星：代表启明星，开启品牌的梦想，开启光明的第一道辉芒，指引未来方向，象征为中国消费者开启愉悦高品质汽车生活的品牌梦想。

右侧银色小星：代表“共创价值，共谋福祉”的企业使命。

右侧蓝色小星：代表以“尊重中国消费者需求”为造车原点。

中间蓝色小星：代表以“臻于至善的践行精神”为行动纲领。

左侧蓝色大星：代表以“整合世界级先进技术”为品质基石。

任务二　德国汽车品牌

图 5-16　德国优秀汽车代表——奥迪

宝马

宝马普译为巴依尔。宝马标志中间的蓝白相间图案，代表蓝天、白云和旋转不停的螺旋桨，喻示宝马公司渊源悠久的历史，象征该公司过去在航空发动机技术方面的领先地位，又象征公司一贯的宗旨和目标：在广阔的时空中，以先进的精湛技术、最新的观念，满足顾客的最大愿望，反映了公司蓬勃向上的气势和日新月异的新面貌。

图 5-17　宝马车标

保时捷

举世熟知的保时捷盾徽，是 1953 年由费利·保时捷博士(Dr. Feny Porsche)所构思。跃动的黑马象征保时捷惊人的爆发力，正中央“STUTTGART”字样，代表保时捷公司的所在地；四周厂徽取自巴登佛登堡州(Baden Wurttemberg)州徽，并镶以德国国旗黑、红、黄三色，共同构成一面令人热血沸腾的盾徽。

该公司的标志采用斯图加特市的标志。纹章中央是一匹马，上部标有“STUTTGART”(斯图加特)字样。在历史上斯图加特早在16 世纪就是名马产地，保时捷标志的左上方和右下方是鹿角的图案，表明该地也曾是狩猎的场所。右上方和左下方的黄色条纹是成熟麦穗的颜色，意味着肥沃的土地和带给人们的幸福，红色则象征着人们的智慧。

图 5-18　保时捷车标

奔驰

戈特利布·戴姆勒于1909年为三叉星标志申请专利权，但奔驰则属于一个圆形徽章。戈特利布·戴姆勒的标志来源于戴姆勒给他妻子的信，他认为他画在家里房子上的这颗星会为他带来好运。这颗三叉星还象征着奔驰汽车公司向海陆空三个方向发展。1909年，戈特利布·戴姆勒先生为了纪念他的VELO型车大批量生产，将三叉星内的齿轮图案改为月桂枝，以示胜利，而标志内的“梅赛德斯”则取自其在奥地利的汽车经销商埃米尔·耶利内克美丽女儿的名字。“梅赛德斯”在西班牙语中有幸运的含义，可惜这位美女于四十岁死于不幸的婚姻，而以她命名的做法却不胫而走。

图5-19　奔驰车标

奔驰的标志最初是“BENZ”外加麦穗环绕。1926年，戴姆勒与奔驰合并，星形的标志与奔驰的麦穗终于合二为一，下有“Mercedes-Benz”字样，后将麦穗改成圆环，并去掉了“Mercedes-Benz”的字样。而随着这两家历史最悠久的汽车生产商的合并，厂方再次为商标申请专利权，而此圆环中的星形标志演变成今天的图案，一直沿用至今，并成为世界十大著名的商标之一。

奥迪

奥迪轿车的标志为四个连接的圆环，代表着合并前的4家公司。这些公司曾经是自行车、摩托车及小客车的生产厂家。由于该公司原是由4家公司合并而成，因此每一环都是其中一个公司的象征。世界上也就首次出现了四环标志。

图5-20　奥迪车标

大众

大众汽车的德文为Volks Wagenwerk，意为大众使用的汽车，标志中的“VW”为全称中头一个字母。标志像是由三个用中指和食指作出的“V”组成，表示大众公司及其产品必胜—必胜—必胜。

图5-21　大众车标

欧宝

欧宝曾译为奥贝尔，取自创始人阿德姆·奥贝尔的姓氏。商标是由图案和文字两部分组成。

图案是代表公司的技术进步和发展，又像闪电一样划破长空，震撼世界，喻示汽车如风驰电掣，同时也炫耀它在空气动力学方面的研究成就；文字“OPEL”是创始人的姓氏。1899年，老欧宝的两个儿子弗里茨和威廉搞起了汽车和摩托车制造，并以老爹的名字“亚当·欧宝”命名工厂，使欧宝的名字一直沿用至今。

欧宝传统的“闪电把圆一分为二”徽标，最早使用于早期的欧宝Blitz载货汽车上。

图5-22　欧宝车标

迈巴赫

迈巴赫(Maybach)具有传奇色彩的品牌标志由2个交叉的M，围绕在一个球面三角形里组成。品牌创建伊始的2个M代表的是Maybach Motorenbau的缩写，而现在2个M代表的是Maybach Manufaktur的缩写。

每辆迈巴赫轿车的内饰都各具特色，包括精美的皮革和织物内

图5-23　迈巴赫车标

饰，精选的木材和油漆，以及众多的精致附件，这使得每一辆带有“MM”徽标的轿车看上去都各不相同。

Smart

Smart 是梅赛德斯—奔驰（Mercedes-Benz）汽车公司和世界手表业巨头斯沃奇（Swatch）公司创意合作的产物，Smart 中的“S”代表了斯沃奇（Swatch），“M”代表了戴姆勒集团（Mercedes-Benz），而“art”则是英文中艺术的意思，合起来可以理解为，这部车代表了斯沃奇和戴姆勒合作的艺术，而 Smart 车名本身在英文中也有聪明伶俐的意思，这也契合了 Smart 公司的设计理念。

图 5-24 Smart 车标

任务三 美国汽车品牌

图 5-25 美国优秀汽车代表——凯迪拉克

凯迪拉克

凯迪拉克 1902 年诞生于被誉为美国汽车之城的底特律。凯迪拉克徽标可谓是其精神内涵的集中体现，著名的花冠盾形取自安东尼·门斯·凯迪拉克的族徽，是典型的贵族标志，既表现了底特律城创始人的勇气和荣誉，同时也象征着其在汽车行业中的领导地位。选用“凯迪拉克”之名也是为了向法国的皇家贵族、探险家、美国底特律城的创始人安东尼·门斯·凯迪拉克表示敬意。

图 5-26 凯迪拉克车标

雪佛兰

雪佛兰商标图案表示艺术化了的蝴蝶领结，象征雪佛兰车的大方、气派和风度，文字“Chevrolet”是瑞士的赛车手、工程师路易斯·雪佛兰的名字。

雪佛兰“金领结”标志是怎样形成的，对此一直有着众多的猜测，其背后的故事也许永远都将是个谜，而浪漫的故事版本，也可能是最广泛流传的说法，与威廉·杜兰特有关。

1908年，杜兰特在一次环球旅途中，在一家法国旅馆的墙纸上意外地发现了一个有趣的图案，他认为这个图案可以作为汽车的标志，于是就撕下了墙纸的一角，并展示给朋友们看。后来这个有趣的“金领结”图案就演变成了畅销全球的雪佛兰汽车的标志。

图5-27 雪佛兰车标

福特

福特汽车公司是世界最大的汽车企业之一。1903年由亨利·福特先生创办于美国底特律市。现在的福特汽车公司是世界上的超级跨国公司，总部设在美国密歇根州迪尔伯恩市。福特汽车的标志是采用福特英文“Ford”字样，蓝底白字。由于创建人亨利·福特喜欢小动物，所以标志设计者把福特的英文画成一只小白兔样子的图案。

图5-28 福特车标

别克

别克(Buick)商标中那形似“三个盾牌”的图案为其图形商标，它是别克分部的标志，颜色不同(从左到右:红、白、蓝三种颜色)并依次排列在不同高度位置上，给人一种积极进取、不断攀登的感觉；表示别克分部采用顶级技术，刃刃见锋；也表示别克分部培养的人才个个游刃有余，是无坚不摧、勇于登峰的勇士。自2002年起，别克的商标更换为简洁的形式。

别克著名的“三盾”标志是以一个圆圈中包含三个盾为基本图案。它的由来可以直接追溯到汽车制造业的奠基人——苏格兰人大卫·邓巴·别克的家徽。

图5-29 别克车标

别克家族的家徽是一个红色盾形标志，银色和蔚蓝色围棋格子带状图案从左上角穿过直到右下角。在盾的右上角有一长有鹿角的鹿头，在盾的右下角有一金色十字架，十字架中间有一圆孔，孔中的颜色与红色盾的颜色一致。三个盾牌，标志着汽车的质量像三个盾牌一样坚固。

今天的“三盾”标志在一些细节上作了修改，鹿头和十字形图案消失了，但红色、银灰色、蓝色三个盾的式样与原先无多大的区别，围棋格子的带状图案仍使用至今。

克莱斯勒

克莱斯勒醒目的银色飞翔标志和刻在水箱罩上的金色克莱斯勒印章，标志着汽车工程与汽车设计从此进入了一个崭新的时代。飞翔标志几乎出现在所有的克莱斯勒小轿车上。飞翔标志的后面雕刻着一只栩栩如生的待飞的羚羊，十分精致、可爱。

图5-30 克莱斯勒车标

而企业图形商标像一枚五角星勋章，它体现了克莱斯勒家族和公司员工们的远大理想和抱负，以及永远无止境的追求和在竞争中获胜的奋斗精神。五角星的五个部分，分别表示五大洲都在使用克莱斯勒汽车公司的汽车，克莱斯勒汽车公司的汽车遍及全世界。

林肯

林肯大陆(Lincoln Continental)是林肯·默寇利部于1939年首推的名牌豪华车型。该车型显示林肯·默寇利部生产的高级轿车技术无懈可击,此车乃豪华车中的佼佼者,被称为福特汽车公司的传世佳作。林肯轿车是以美国第16任总统阿伯拉罕·林肯的名字命名的汽车,借助林肯总统的名字来树立公司的形象,显示该公司生产的是顶级轿车。其商标是在一个矩形中含有一颗闪闪放光的星星,表示林肯总统是美国联邦统一和废除奴隶制的启明星,也喻示福特林肯牌轿车光辉灿烂。

图5-31　林肯车标

吉普(Jeep)

吉普名称的起源:jeep一词的来历,要确切地考证已经不可能了。目前存在以下很有趣的三种说法。说法一:在字典中,jeep一词的意思,一是指“护航的小型航空母舰”,另一个就是我们在这里要谈的小型的越野车——吉普车。但是按照美国海瑞顿先生的说法,早在1934年,人们就把一种拥有特殊装备的钻井大卡车称为“吉普”了。

图5-32　吉普车标

说法二:20世纪40年代,当第一辆吉普的样车交到军方试验车场时,管理车场的美国大兵按照习惯要给每一种试验车辆取一个绰号,“吉普”的发音,是源于一种四分之一吨重美国军队侦察车的名字——GP,GP即General Purpose,中文意思为“通用功能”,所以就按GP的谐音取名为“Jeep”。另外有趣的是,二战期间,吉普曾被士兵们戏称为“Just Enough Essential Parts”(仅有足够的零件)的首字母缩略词。

说法三:在明尼阿波利斯——摩兰能源公司有一位试车司机,非常喜欢当时流行的、一个很可爱的又相当顽皮的细长的中性小动物漫画形象——“尤金尼吉普”,它来自1936年美国的一本读者很多的滑稽连环画《Popeye》(波沛),就是我们在电视中看的系列卡通片《大力水手》的初期版本。连环画中有一个既像猫又像狗的卡通动物,它的叫声是“jeep,jeep”,因而被叫作——“Ugene the Jeep”(尤金尼吉普),这个绰号得到了所有人的认同,正规的名称反而被遗忘了。

道奇

道奇牌轿车素以价廉和大众化著称,颇受欢迎。道奇文字商标采用道奇兄弟的姓氏“Dodge”,图形商标是在一个五边形中有一羊头形象,在汽车上使用小公羊、大公羊两个商标。该商标象征道奇车强壮剽悍,善于决斗,表示道奇部的产品朴实无华、美观大方。

图5-33　道奇车标

庞蒂亚克

庞蒂亚克(Pontiac)取自美国密歇根州的一个地名,其汽车商标由两部分组成。

图形商标是带十字标记的箭头,它被镶嵌在发动机散热器格栅的上方。十字形标记,则表示庞蒂亚克是通用汽车公司的重要成员。

在庞蒂亚克火鸟轿车的车尾,还使用一只抽象化了的鸟,象征庞蒂亚克部人具有火一样的热情和高瞻远瞩的志向。

图5-34　庞蒂亚克车标

福特美洲狮

福特美洲狮是林肯·默寇利部生产的汽车。

用美洲狮的头像作为图形商标，表示该车像雄狮那样威武气派，像美洲狮一样与大自然共舞。

狮是古今中外人们崇拜的动物，在古埃及文化中就被视为王权。如在卡夫利法老王的金字塔旁边，就有一尊 20 米高的伏卧着的人首狮身石雕——法老王的纪念像。

图 5-35　福特美洲狮车标

野马

野马(Mustang)商标采用了正在奔驰的野马图形，表示该车的速度极快。野马以它所象征的青春洋溢、无拘无束的神韵，吸引了一代又一代青年人，“野马”已成为经久不衰的全美名牌跑车。

“眼镜蛇”由“野马”跑车改装而成，“野马”商标仍在前部，“眼镜蛇”商标则标在车的两侧。

图 5-36　野马车标

土星

“土星”是通用公司唯一从内部建立起来的公司。

在红色的背景下，显示出两条相交星球轨迹线，给人一种高科技、超越时空的感觉。

图 5-37　土星车标

福特水星

福特水星车系用太阳系中的水星作为汽车的图形商标，商标是在一个圆中有三个行星运行轨迹，很容易让人联想到福特汽车具有太空科技和超时空的创造力。

图 5-38　福特水星车标

任务四 法国汽车品牌

图 5-39 法国优秀汽车代表——雷诺

雷诺

公司以创始人路易斯·雷诺(Louis Renault)的姓氏而命名,图形商标是四个菱形拼成的图案,象征雷诺三兄弟与汽车工业融为一体,表示雷诺能在无限的(四维)空间中竞争、生存、发展。

图 5-40 雷诺车标

标致

雄狮形象是标致品牌的标志,标致(Peugeot)曾译名为“别儒”,公司采用狮子作为汽车的商标。标致的商标图案是蒙贝利亚尔创建人别儒家族的徽章。据说别儒的祖先曾到美洲和非洲探险,在那里见到了令人惊奇的动物——狮子,为此就用狮子作为本家族的徽章。后来,这尊“小狮子”又成为蒙贝利亚尔省的省徽。

标致这尊“小狮子”非常别致有口味,它那简洁、明快、刚劲的线条,象征着更为完美、更为成熟的标致汽车。这独特的造型,既突出了力量,又强调了节奏,更富有时代气息。

古往今来,狮子的雄悍、英武、威风凛凛被人们视为高贵和英雄,古埃及的巨大雕塑“斯芬克司”,就是人首狮身,以代表法老的威严和英武。所以,标致公司为使用“狮子”商标而感到自豪。

图 5-41 标致车标

雪铁龙

雪铁龙品牌标志以双人字标为基础,同时整体采用富有金属感的色泽,轮廓更立体圆润,极富时尚、时代气息。双人字造型是雪铁龙标志永恒的主题,以此纪念发明了人字形齿轮传动系统的雪铁龙创始人安德烈·雪铁龙。与新标志同期发布的还有雪铁龙全新的品牌口号——Creative Technologie。

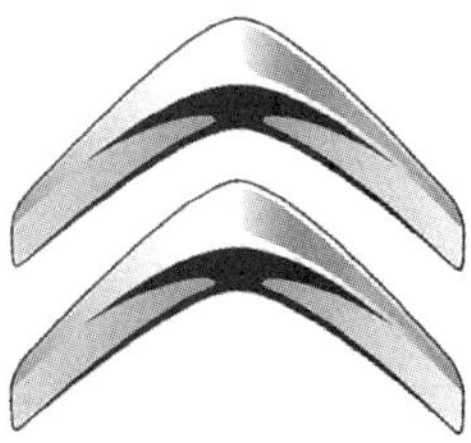

图 5-42 雪铁龙车标

任务五　意大利汽车品牌

图 5-43　意大利优秀汽车代表——布加迪

布加迪

图 5-44　布加迪车标

布加迪商标中的英文字母即布加迪，上部 EB 即为埃托尔。中间英文字母为布加迪英文拼音的缩写，周围一圈小圆点象征滚珠轴承，底色为红色。

布加迪生于一个艺术世家，他除了在艺术上有很深的造诣外，还对各种机械设计技术有深刻的了解，所以他把技术和艺术自然地糅合在一起，以致人们对他的作品区分不清哪些是艺术品，哪些是技术作品，这就是布加迪汽车所具有的独特艺术风格。

法拉利

第一辆披着法拉利“红鬃烈马”标徽，在赛道上飞驰到终点的，是由 125 型赛车加以改良的 166 型 Spyder Corse，搭配 1 992 毫升直列六缸引擎，勇夺 1948 年意大利的塔卡—傅里欧(Targ Florio)及米里—麦利亚(Mille Miglia)大赛的双项冠军，法拉利从此一举成名，并接连胜出超过 5 000 场赛事。另外，特别值得一提的是伴随着线条动人、马力惊人、颜色引人的法拉利赛车转战各地的“跃马”车徽，也有一段感人的故事。一位在第一次世界大战中捐躯的意大利空军英雄的双亲，看见法拉利赛车所向无敌的神采，正是爱子英灵依托的堡垒，于是恳请法拉利将原来标徽绘在其爱子座机上的“跃马”标志，镶嵌在法拉利车系上，以尽爱子巡曳地平线的壮志。法拉利欣然接受了这个建议，并在“跃马”的顶端，加上意大利的国徽为“天”，再以“Ferrari”横写字体串连成“地”，最后以自己故乡摩德纳市的代表颜色——黄色，渲染全图而组合成“天地之间，任我驰骋”的豪迈图腾。其外“跃马”车徽还有另外一种说法。在世界大战中意大利有一位表现出色的飞行员，他的飞机上就有一匹会给他带来好运的跃马。在法拉利最初的比赛获胜后，飞行员的父母亲——一对伯爵夫妇，建议法拉利也应在车上印上这匹带来好运气的跃马。后来飞行员死了，马就变成了黑颜色。而标志底色为公司所在地摩德纳的金丝雀的颜色。

图 5-45　法拉利车标

帕加尼

1982 年，26 岁的阿根廷 F3 赛车设计师帕加尼（Horacio Pagani）仍默默无闻。但他接受了曾五次荣获 F1 世界冠军头衔的范吉奥（Juan Manuel Fangio）的建议："若你想制造世界最美的车，没别的选择，一定要去意大利的摩德纳（Modena）实现梦想。"听了这建议，帕加尼直奔摩德纳城郊的超级跑车兰博基尼公司，从组装工人干起，后来他不仅参与兰博基尼著名的 Diablo 跑车设计，更率先指出碳纤维将是未来造车科技中最重要的材料。不到 10 年，他便成立自己的摩德纳设计工作室（Modena Design），并在范吉奥的鼎力相助下，顺利获得 AMG 最顶尖发动机。本来这车准备命名为 Pagani Fangio，可惜车神范吉奥在车尚未问世前便过世，帕加尼不忍再用前辈名讳，1999 年正式推出时，便取"安第斯山脉的风"之意，称为"Zonda"。

图 5-46　帕加尼车标

玛莎拉蒂

玛莎拉蒂是在七十余年的时间生产了多辆传奇式赛车、跑车的意大利品牌，它的精湛技艺和思维方面的独创性让人着迷。玛莎拉蒂汽车的标志是在树叶形的底座上放置的一件三叉戟，这是公司所在地意大利博洛尼亚市的市徽，相传于罗马神话中的海神纳普秋手中的武器，显示出海神巨大无比的威力。玛莎拉蒂代表着非凡的精致、永恒的风格和强烈的情感，最重要的是，代表着梦想成真。玛莎拉蒂汽车始终是尊贵品质与运动精神完美融合的象征。1947 年，安素·法拉利在玛莎拉蒂总部南端数千米外，创办以其姓氏为名的法拉利公司，从此意大利双雄逐鹿车坛的经典故事便正式开始。1957 年，阿根廷传奇车手范吉奥驾驶玛莎拉蒂一级方程式赛车 250F 取得了世界冠军。

图 5-47　玛莎拉蒂车标

兰博基尼

兰博基尼的标志是一头浑身充满了力气，正准备向对手发动猛烈攻击的犟牛。据说兰博基尼本人就是这种不甘示弱的牛脾气，也体现了兰博基尼公司产品的特点。因为公司生产的汽车都是大功率、高速的运动型跑车。车头和车尾上的商标省去了公司名，只剩下一头犟牛。

图 5-48　兰博基尼车标

阿尔法·罗密欧

阿尔法·罗密欧那著名的"吃人龙形蛇"标志，也为这个名字平添了几分难以抗拒的性感张力。徽标：红色的十字是米兰城盾形徽章的一部分，用来纪念古代东征的十字军骑士，吃人的龙形蛇（Biscoine）图案则来自当地一个古老贵族家族（Visconti 家族）的家徽，象征着中世纪米兰领主维斯康泰公爵的祖先击退使城市人民遭受苦难的"龙蛇"的传说。两个代表米兰传统并且在意义上没有关联的标志组合为一体，成为了汽车界最著名的标志之一。

图 5-49　阿尔法·罗密欧车标

后来被加进去的阿尔法·罗密欧和米兰的字样以及间隔花纹，在 90 余年的发展历史中也不断发生着细微的变化。最近一次变化发生在 1971 年，龙形蛇变得简洁抽象，标志的风格也现代化了，阿尔法与罗密欧之间的连字符被取消，最重要的是，"MILANO"字样不见了——这是否意味着，某种排外的本土情结正在弱化，取而代之的将是一种更加开放的心态？

图 5-50　菲亚特车标

菲亚特

菲亚特公司的标志几经变迁。最初是盾型的，自 1899 年创立意大利汽车公司时开始使用。1906 年成立意大利都灵汽车厂，标志由该厂名中意文 4 个单词的第一个字母组成，即 F. I. A. T.，这就是菲亚特的来源。1918 年公司决定取消字母中所加的标点，即写成 Fiat 或 FIAT，1921 年又出现圆形 FIAT 商标，1931 年开始使用矩形商标 FIAT。为统一车头上的字体，现在菲亚特车头标志都是采用现在的矩形商标。

任务六　日本汽车品牌

图 5-51　日本汽车代表——本田

图 5-52　丰田车标

丰田

丰田公司的三个椭圆的标志是从 1990 年初开始使用的。标志中的大椭圆代表地球，中间由两个椭圆垂直组合成一个 T 字，代表丰田公司。它象征丰田公司立足于未来，对未来的信心和雄心；还象征着丰田公司立足于顾客，对顾客的保证，表示用户的心和汽车厂家的心是连在一起的，具有相互信赖感；同时喻示着丰田的高超技术和革新潜力。

图 5-53　本田车标

本田

本田公司在 20 世纪 80 年代成立了商标设计研究组，从来自世界各地的 2 500 多件设计图稿中，确定了现在的三弦音箱式商标，也就是带框的“H”，图案中的 H 是“本田”拼音 Honda 的第一个字母。这个标志体现出技术创新，职工完美和经营坚实的特点，同时还有紧张感和可以放松一下的轻松感。

本田宗一郎于 1946 年创建本田技研工业公司(本田汽车公司)，并用自己的姓氏作为公司的名称和商标。

“H”是“本田”汽车和“本田”摩托车的图形商标，是“本田”日文拼音“Honda”的第一个大写字母。本田汽车商标中的字母“HM”是“Honda Motor”的缩写，在这两个字母上有鹰的翅膀，象征着“飞跃的本田的技术和本田公司前途无量”。“人和车、车和环境的协调一致”是本田公司的发展方向；动感、豪华、流畅是本田公司的一贯风格；设计动力澎湃、低耗油、低公害的发动机是本田公司的技术目标；靠先进而实用的设计、卓越的制造质量和相对低廉的价格，吸引更多顾客是本田公司的宗旨。“H”商标，这个世界著名商标，是本田公司立业之本，是本田公司成功之魂。

马自达

民间流传“Mazda”是公司创始人松田重次郎的姓氏“松田”的英文拼写，并认为“马自达”是“松田”日本发音的音译，这是一个误传。“松田”的英文拼写是“Matsuda”并非“Mazda”，“Mazda”是一个英文词汇（不是英文名），跟“松田”有关，但并不是“松田”。Mazda 汽车不能翻译成松田汽车。

图 5-54　马自达车标

创始人松田重次郎不想为公司起一个纯日本名字，所以没有像丰田和本田等那样直接用自己日文名的英文拼写作为商标，而是翻阅了英文词典，查找一个最接近自己姓氏英文拼写（Matsuda Jyujiro）的英文单词，他最终找到“Mazda”。“Mazda”的发音“マツダ”跟“松田”的日语发音是一样的。

“Mazda”释义：先知琐罗亚斯德在西亚波斯创立了一种古老宗教，劝导人崇拜创造主为善之源，要求人有善良的思想、言词和行动，并且放弃邪恶。该宗教体系中有一个神明名叫“Ahura Mazda”（阿胡拉·马兹达）。松田重次郎即以此作为公司名称，并有追逐光明，善良之意。还有一说“Mazda”是创造铁器和古车轮文明的巨神，具有聪明、理性和协调之意。

马自达公司与福特公司合作之后，采用了新的车标，椭圆中展翅飞翔的海鸥，同时又组成“M”字样。“M”是“Mazda”第一个大写字母，预示该公司将展翅高飞，以无穷的创意和真诚的服务，迈向新世纪。

日产

日产汽车公司标志，圆表示太阳，中间的字是“日产”两字的日语拼音形式，整个图案的意思是“以人和汽车明天为目标”。

图 5-55　日产车标

日产汽车公司（英文全称：Nissan Motor Company，LTD，日语全称：日产自动车株式会社），是日本的第二大汽车制造商（仅次于丰田），也是世界十大汽车公司之一。

斯巴鲁

斯巴鲁在日语中的意思是昴，其企业标志是昴宿星团的六连星（在希腊神话中，阿特拉斯与普勒俄涅其实有七个女儿，而不是六个），并且也是斯巴鲁汽车的标志。斯巴鲁的标志代表着第二次世界大战后，五个独立的公司一起组成了现今的斯巴鲁。

图 5-56　斯巴鲁车标

雷克萨斯

用椭圆环绕的“L”，根据美国丰田汽车销售公司的官方说法，这个椭圆弧度依照精确的数学公式修饰，动用三个以上的设计商和广告商，花了半年多的时间才完成：这个脱颖而出的标志，击败了五个设计比稿。1987 年，摩利设计公司（Molly DesignsInc）负责人摩利·山德斯（Molly Sanders），花了三个月的时间精巧制作出这个别具特色的椭圆和

图 5-57　雷克萨斯车标

“L”,取代原先最有希望获选的版本——一个没有圆圈环绕,看起来像海鸥翅膀的“L”。

讴歌

车标:图案是一个机械的卡钳,寓意讴歌对细节的关注和技术的精湛!全球网络化时代,@符号世人皆知。有意思的是,如果将小 a 换成大 A,那么它就变成了风靡北美的豪华品牌 Acura(讴歌)的标志。

图 5-58 讴歌车标

Acura 源于拉丁语中的“acu”,意味着“精确”。最初,Acura(讴歌)用一把专门用于精确测量的卡钳作为其标志的原型,作为点睛之笔,由 Honda 创始人和精神领袖本田宗一郎在两个钳把之间加入了一个小横杠,由此用象形的大写字母“A”来代表这一品牌。不论是拉丁语原意还是作为标志原型的卡钳,都寓意着 Acura(讴歌)这一代表着最高造车水平品牌的核心价值:精确、精密、精致。

铃木

铃木商标图案中的“S”是“Suzuki”的第一个大写字母,它给人以无穷力量的感觉,象征无限发展的铃木汽车公司。铃木通过向全世界的客户提供优质产品,并且向使用铃木产品的客户提供优质服务,面向每位客户,以实现与客户建立终生信赖的关系为目标而不懈努力。

图 5-59 铃木车标

英菲尼迪

Infiniti(英菲尼迪)的椭圆形标志表现的是一条无限延伸的道路。椭圆曲线代表无限扩张之意,也象征着“全世界”;两条直线代表通往巅峰的道路,象征无尽的发展。Infiniti(英菲尼迪)的标志和名称象征着英菲尼迪人的一种永无止境的追求,那就是创造有全球竞争力的真正的豪华车用户体验和最高的客户满意度。

图 5-60 英菲尼迪车标

Infiniti(英菲尼迪)也被称作“无限”。

三菱

三菱的标志是岩崎家族的家族标志“三段菱”和土佐藩主山内家族的家族标志“三柏菱”的结合,后来逐渐演变成今天的三菱标志。日本三菱汽车以三枚菱形钻石为标志,正为突显其蕴含在雅致的单纯性中的深邃灿烂光华——菱钻式的造车艺术。

图 5-61 三菱车标

任务七 韩国汽车品牌

图 5-62 韩国汽车代表——起亚

现代

现代汽车公司的标志中的斜字母 H 是现代公司英文名 Hyundai 首个字母，椭圆既代表汽车方向盘，又可看作地球，两者结合寓意了现代汽车遍布世界。

图 5-63 现代车标

起亚

起亚的名字，源自汉语，“起”代表起来，“亚”代表在亚洲。因此，起亚的意思，就是“起于东方”或“起于亚洲”。源自汉语的名字，代表亚洲崛起的含义，正反映了起亚的胸襟——崛起亚洲、走向世界。

图 5-64 起亚车标

双龙

在高丽民族传说着这样一个动人的神话：远古的时候，有两条灵慧的龙，它们潜心地修炼，期盼着有朝一日能修成正果，上天成仙。千年修炼期满的时候，玉皇大帝派使者送下了一颗升天如意珠，让它们两个升天成仙。玉皇大帝等了很久，却不见它们到天庭报到，很是疑惑，便又派使者前去查明事情的缘由。原来是由于玉皇大帝的疏忽，要它们两个升天，却只吩咐送给了一颗升天如意珠。而这两条龙兄弟，得到这颗升天如意珠后，相互谦让，谁也不肯舍对方而去。玉皇大帝为这种仁让美德而感动，立即又送去了一颗升天如意珠，于是，两条龙兄弟同时升天，结伴而行。双龙升天的神话广为流传，为人们所称颂。

图 5-65 双龙车标

双龙公司用“双龙”来命名，其车标将“Ssang Yong”中的“S”抽象成“8”字，形似双龙飞舞，除了表示双龙情深义重，同样，也期望双龙汽车能像诗里说的一样，“大鹏一日同风起，扶摇直上九万里。”

任务八　英国汽车品牌

图 5-66　英国汽车代表——莲花

劳斯莱斯

罗尔斯·罗伊斯汽车的标志图案采用两个“R”重叠在一起，象征着你中有我，我中有你，体现了两人融洽及和谐的关系。而著名的飞天女神标志则是源于一个美丽的爱情故事。

图 5-67　劳斯莱斯车标

“飞天女神”标志：这个车标的设计者是英国画家兼雕刻家查尔斯·赛克斯。20 世纪初，经朋友蒙塔古介绍，赛克斯负责为劳斯莱斯设计一尊雕塑车标。当时，已婚的蒙塔古疯狂地爱着他的女秘书桑顿，恳请赛克斯以桑顿为原型设计车标。所以，赛克斯的最初设计中，雕像是一尊披着长袍的女人将手指放在嘴唇上，象征着蒙塔古与桑顿之间不能说的秘密情史。这个恋爱故事历经重重磨难，桑顿曾是脱衣舞女郎，所以两人根本无法在一起生活，在得到家庭与蒙塔古妻子的谅解后，两人最终可以走到一起，不幸的是，后来桑顿在一次乘船旅行中不幸遭遇德军水雷，永远沉入了冰冷的大海。后来，蒙塔古的两位好友知道了这件事情，他们又邀请赛克斯把它改为双手如羽翼般向后伸展的形象，也就是今天的“飞天女神”，这段美好又略带凄惨的爱情故事就保留在了这个车标上。1911 年，它正式成为劳斯莱斯车的车标。从此，劳斯莱斯的飞天女神车标更是美丽的爱情象征了！

“双 R”标志：查理·史蒂华·劳斯(Charles Stewart Rolles)和亨利·莱斯(Henry Royce)第一次握手距今已 100 多年，根据两人于 1904 年签订的协议，莱斯先生负责造车，而劳斯先生则负责卖车。两年之后二人的公司正式合并，立志生产“世界上最好的汽车”。在此之前，出身贫寒的电气工程师莱斯尝试了各种办法，他先从改装一辆二手德科维尔(Decauville)起步，但最终结果令人失望。在几个朋友的帮助下，他决定自己制造一部汽车。这辆车与法国车有诸多相似之处：1.8 升的双缸发动机，三挡变速箱，末级扭矩齿轮传动。劳斯先生的努力引起了来自伦敦上流社会的莱斯先生的高度重视，作为英国汽车俱乐部的创始人以及 Panhard 公司的代理，他很快就与劳斯先生达成了协议，世界上最著名的双“R”标志就这样诞生了。

宾利

宾利（又译作本特利）（Bentley）轿车标志是以公司名的第一个字母“B”为主体，生出一对翅膀，似凌空翱翔的雄鹰，此标志一直沿用至今，过去曾用过一个展翅飞翔的“B”标志。

图 5-68　宾利车标

宾利（Bentley）历经时间的洗礼，却历久弥新，熠熠生辉。那个展翅腾飞的“B”字是宾利最强劲、永不妥协的标志，它呈现给世人的永远是动力、尊贵、典雅、舒适与精工细做的最完美结合。

迷你

迷你是宝马集团的一个独立品牌。宝马在买下 MINI 使其成为旗下的一个品牌之后，投注了上百万美元的研发经费，旧 MINI 时代已结束，前不久跟大家见面的新 MINI 车系，名字一样，而设计却焕然一新，舍弃了经典的形象，换来新潮格调的设计与包装。

图 5-69　迷你车标

莲花汽车

Lotus 汽车公司 1952 年 1 月 1 日成立于英国，是世界上著名的运动汽车生产厂家，与法拉利、保时捷一起并称为世界三大跑车制造商，在世界上享有盛誉。Lotus 具有丰富的经验和专业的技能，其优秀产品大家也都耳熟能详，如 Elise（爱丽丝）。

在汽车工业史上，Lotus 品牌与众不同。它是英国杰出的工程师柯林・查普曼（Colin Chapman）个人奋斗与智慧的结晶。无论是批量生产的跑车还是赛车，他都亲自参与设计与研制，倾注了毕生心血，组建了一支骁勇的车队，在 F1 赛场屡建奇功。他在二十世纪五六十年代设计的 Lotus Seven 及许多小跑车至今仍令人怀念。查普曼确实是汽车史上一位不朽的人物。

图 5-70　莲花车标

阿斯顿・马丁

阿斯顿・马丁汽车标志为一只展翅飞翔的大鹏，喻示该公司像大鹏一样，具有从天而降的冲刺速度和远大的志向。分别注有阿斯顿、马丁英文字样表明是一家“三结义”汽车公司。以生产敞篷旅行车、赛车和限量生产的跑车而闻名世界的阿斯顿・马丁・拉宫达公司名声赫赫，不知是否得益于这只大鹏带来的运气。

图 5-71　阿斯顿・马丁车标

捷豹

捷豹（Jaguar）是英国轿车的一种名牌产品，商标为一只正在跳跃前扑的“美洲豹”雕塑，矫健勇猛，形神兼备，具有时代感与视觉冲击力，它既代表了公司的名称，又表现出向前奔驰的力量与速度，象征该车如美洲豹一样驰骋于世界各地。

图 5-72　捷豹车标

任何一个傲立于潮流最前端的经典品牌都有其深厚的文化积淀和坚持不断挑战传统的品质。捷豹也正是如此，这个世界顶级奢华品牌在豪华汽车领域不断地给世人带来引领潮流的奢华体验，同时又谱写着一段段为世人所称道的传奇故事。

路虎

罗孚(Rover)是北欧的一个民族,罗孚集团的名称便从此而来。罗孚集团原是英国一家古老的汽车公司,生产自行车时就使用“罗孚”作商标名,1904 年生产汽车,仍以“罗孚”为车牌名。由于罗孚民族是一个勇敢善战的海盗民族,所以罗孚汽车商标采用了一艘海盗船,张开红帆象征着公司乘风破浪、所向披靡的大无畏精神。兰德-罗孚是全球著名的越野汽车,标志就是英文:LAND-ROVER。

图 5-73 路虎车标

【知识窗】

其他国家名车标

斯柯达

来自捷克的“斯柯达”商标的含义是:巨大的圆环象征着斯柯达为全世界生产无可挑剔的产品;鸟翼象征着技术进步的产品行销全世界;向右飞行着的箭头,则象征着先进的工艺;外环中朱黑的颜色象征着斯柯达公司百余年的传统;中央铺着的绿色,则表达了斯柯达人对资源再生和环境保护的重视。现在生产的斯柯达·弗雷西亚牌汽车的商标最下边部分的桂枝树叶,表示胜利。

图 5-74 斯柯达车标

柯尼赛格

柯尼赛格(Koenigsegg)一词是“刀锋”的意思,在国内曾被翻译为“柯尼赛克”,是瑞典一家汽车公司。它的标志是瑞典皇家空军的标志,为一幽灵图,所以有“幽灵跑车”之称。

图 5-75 柯尼赛格车标

世爵

世爵在第一次世界大战中与荷兰飞机厂合并。所以 1915 年,推出了公司标志,即由一个水平的飞机螺旋桨穿越镌刻公司座右铭的辐轮。之所以现在的车标车轮加上一副螺旋桨,主要是因为有制造飞机的这样一段历史,因为毕竟飞机上所使用的这些性能如果能够合理运用到现在的一些汽车制造当中,尤其是空气动力学跑车制造当中是非常强大的。它的含义,体现了企业的箴言——“执着强悍·畅行无阻”,对世爵来说所有的事情都是可能的。

图 5-76 世爵车标

萨博

萨博公司是由斯堪尼亚公司和瑞典飞机有限公司合并,原飞机公司瑞典文缩写为 SAAB,后即作为公司轿车的标志。商标正中是一头戴王冠的狮子头像,王冠象征着轿车的高贵,狮子则为欧洲人崇尚的权利象征。半鹰、半狮的怪兽图案象征着一种警觉,这是瑞典南部两个县流行的一种象征,而萨博汽车和航行器的生产就起源在这里。设计者为瑞典艺术家 Carl Fredrik Reutersward。萨博汽车重新设计了蓝形小圆盘,现在融进了 SAAB 传统的狮身鹫首怪兽的纹章以及“SAAB”的标志字母。风格整体一致,整齐划一。

图 5-77 萨博车标

【想一想】

1. 请继续查找中国汽车品牌还有哪些特别的车标。
2. 请分别对亚洲、欧洲、美洲各大洲的汽车车标分类。
3. 请概述各个国家汽车车标凸显的人文知识。
4. 请同学们自己设计一个自己喜欢的(原创的)车标。

项目六 汽车名人

【学习目标】

- 了解各汽车名人的简介
- 了解各汽车名人的奋斗历程
- 了解名人对汽车工业的影响

任务一　名垂史册的"汽车之父"——卡尔·本茨

图 6-1
卡尔·弗里德里希·本茨

卡尔·弗里德里希·本茨(Karl Friedrich Benz,1844 年 11 月 25 日～1929 年 4 月 4 日),德国著名的戴姆勒—奔驰汽车公司的创始人之一,现代汽车工业的先驱者之一,人称"汽车之父"。

简介

中文译名:卡尔·弗里德里希·本茨

英文译名: Karl Friedrich Benz

国籍:德国

时间:1844 年～1929 年

出生地:德国卡尔斯鲁厄

"汽车之父""汽车鼻祖"

图 6-2　Karl Friedrich Benz

本茨出生于德国一个叫卡尔斯鲁厄的小地方。他是父母在婚前所生的,因此随母亲约瑟芬·瓦兰特的姓,叫卡尔·弗里德里希·米歇尔·瓦兰特。他出生在一个手工业者家庭,从中学时期,本茨就对自然科学产生了浓厚的兴趣。他从小喜爱自然科学,靠修理手表得到一些零用钱,曾在机械厂当学徒,在制秤厂里成为"绘画者和设计者",在桥梁建筑公司担任工长,并先后就读于卡尔斯鲁厄文理学院和卡尔斯鲁厄综合科技大学。其间,他较为系统地学习了机械构造、机械原理、发动机制造、机械制造经济核算等课程,为日后的发展打下了良好基础。

本茨于 1872 年与奥格斯特·里特合作组建了"奔驰铁器铸造公司和机械工厂",专门生产建筑材料。由于当时建筑业不景气,本茨工厂经营困难,面临倒闭危险,万般无奈之际,他决定制造发动机获取高额利润以摆脱困境。

于是，他领来了生产奥托四冲程煤气发动机的营业执照，经过一年多的设计与试制，于1879年12月31日制造出第一台单缸煤气发动机(转速为每分钟200转，功率约为0.7千瓦)。经过多年努力，1886年，卡尔·本茨发明了第一辆不用马拉的三轮车，现保存在慕尼黑的汽车博物馆。同年1月29日，奔驰汽车公司获得“汽车制造专利权”，这一日子，被确认为汽车的生日。

该车装有卧置单缸二行程汽油发动机，0.785升容积，0.89匹马力，每小时行走15千米。该车前轮小，后轮大，发动机置于后桥上方，动力通过链和齿轮驱动后轮前进。该车已具备了现代汽车的一些基本特点，如电点火、水冷循环、钢管车架、钢板弹簧悬挂、后轮驱动、前轮转向和制动手把等，其齿轮齿条转向器是现代汽车转向器的鼻祖。当时，在那个马车的时代，汽车受到人们的嘲笑，被斥为无用的怪物。本茨夫人贝瑞塔·本茨为了回击社会舆论的讥讽，于1888年8月带领两个儿子驾驶着经过反复改进的汽车从曼海姆出发，途经维斯洛赫添油加水，直驶普福尔茨海姆，全程144千米。这次历史性的试验为汽车的发展作出了贡献。

维克托得亚

1893年，本茨研制成功了性能先进的维克托得亚牌汽车。它采用本茨专利的3升发动机，方向盘安装在汽车中部。尽管该车性能先进，但由于价格高达3 875马克，因而很少有人购买得起，成为公司的滞销品。这种在技术上为奔驰带来了极高荣誉的汽车，在经济上并没有给他多大的好处。后来本茨听从了商人的建议，于1894年开发生产了便宜的“自行车”(定价2 000马克)。这种“自行车”销路很好，在一年时间内就销出了125辆。由于是世界上第一种批量生产的机动车，因而给奔驰带来了较高的利润。后来，奔驰又对前期生产的“维克托得亚”牌汽车进行了改进，将车厢座位设计成面对面的18个，它因此成为了世界上第一辆公共汽车。1899年制造出第一辆赛车，1906年本茨和他的两个儿子在拉登堡成立了奔驰父子公司(在中文中该品牌注册为“奔驰”)，奔驰汽车成为世界著名品牌。

图6-3　维克托得亚牌汽车

1926年，奔驰汽车公司和戴姆勒汽车公司这两大汽车巨人终于走到一起创办了举世闻名的梅赛德斯-奔驰汽车公司(Mercedes-Benz)。在这之后，公司坚持以生产军用产品为方针，决心依靠德意志银行建立全德统一的汽车工业康采恩。在希特勒第三帝国时期，公司积极向掌权的纳粹党靠拢，并最终成为它的“经济翅膀”。

图6-4　奔驰450SLC型汽车

1934年梅赛德斯-奔驰汽车公司制造了世界上第一辆防弹汽车770K。该车是为希特勒特制的高级轿车，车身用4毫米厚的钢板制成，挡风玻璃有50毫米厚，轮胎是钢丝网状防弹车胎，后排坐垫靠背装有防弹钢板，地板也被加厚到4.5毫米，整车重量超过5吨，它配有一台排量为7.655升的V8发动机，可产生100千瓦的功率。此车共生产了17辆，大部分都毁于二战，现在仅存3辆成为稀世珍品。

在发明汽车的过程中，卡尔·本茨的勇气令人十分钦佩。他甘心清苦，埋头于自己的发明工作。其次，他果敢地摒弃了在技术上已十分成熟的蒸汽机而选用了并不被人看好的内燃机作动力，反映了他在观念上的巨大转变。本茨还是一位汽车运动爱好者，经常驾驶自己发明的各款汽车进行长距离试车，以便检测汽车在行驶中的各种性能，发现问题及时得到改进。他既能开发生产反映汽车技术最高水平的高档车，又能及时调整产品结构，组织生产适销对路的普通车，为公司赢得可观的利润，说明他既有工程师的基本素质，又有企业家的经营技巧。

如今，汽车已经成为最为普遍的交通工具，人们再看到博物馆里那部只有三个轮子的"奔驰一号"时，想象在100多年前，本茨太太驾驶着它所走过的那144千米行程，虽然在现代人看来简直是易如反掌，但在当时，就如今日的火星探测仪一样，具有划时代的意义。卡尔·本茨作为世界公认的汽车之父，其不仅通过一生的奋斗成就了自己的辉煌事业，更为人类加快生活的脚步作出了杰出的贡献。如今当我们方便地以车代步出入于城市的各个角落，甚或走出城市，享受自驾游的乐趣时，我们都不应该忘记，卡尔·本茨曾为了这一切付出了自己毕生的心血。

图6-5　今天的奔驰概念车

任务二　永远怀念的"汽车鼻祖"
——戈特利布·戴姆勒

图6-6　戈特利布·戴姆勒

戈特利布·戴姆勒(Gottlieb Daimler，1834年3月17日～1900年3月6日)，德国著名的戴姆勒—奔驰汽车公司的创始人之一，现代汽车工业的先驱者之一，人称"汽车鼻祖"。

简介

中文译名：戈特利布·戴姆勒

英文译名：Gottlieb Daimler

国籍：德国

时间：1834年～1900年

出生地：德国符滕堡雷姆斯河畔舍恩多夫

“汽车鼻祖”

戈特利布·戴姆勒(Gottlieb Daimler),德国工程师和发明家,现代汽车工业的先驱者之一。戈特利布·戴姆勒 1834 年 3 月 17 日出生于德国符滕堡雷姆斯河畔舍恩多夫的一个手工业工人家庭,父亲是一位面包店老板。1852 年,他就读于斯图加特工程学院。少年时代的戴姆勒就对燃气发动机产生了浓厚的兴趣,并开始学习研制奥托式燃气发动机。

图 6-7 Gottlieb Daimler

1872 年,戴姆勒设计出四冲程发动机。1883 年,他与好友——著名的发明家威尔赫姆·迈巴赫(Wilhelm Maybach)合作,成功研制出使用汽油的发动机,并于 1885 年将此发动机安装于木制双轮车上,从而发明了摩托车。

图 6-8 世界上第一辆摩托车

1886 年,戴姆勒把这种发动机安装在他为妻子 43 岁生日而购买的马车上,创造了第一辆戴姆勒汽车。

戴姆勒是家中的次子,生于德国汉诺威南部,由其兄威尔海姆继承了家业——面包房。1848 年 14 岁的戴姆勒便开始在铁炮锻造工厂中学习,1852 年 18 岁时进入斯图加特的工业补修学校学习,1857 年进入斯图加特高等工业学校学习。在 1859 年进入工业补习学校实习,1861 年成为在英国曼彻斯的阿姆斯特朗·霍特瓦士工厂学习的研究生,1862 年在参观伦敦世界博览会后回到德国,在斯特拉夫的机械工厂协助斯特拉夫之子海因里希制造水车、水泵。

图 6-9 世界上第一辆单缸发动机三轮汽车

戴姆勒受到奥托与兰根邀请,与迈巴赫一起转入德意志瓦斯发动机公司,协助改进四行程发动机。可是,由于坚持工厂动力源的奥托和兰根,与坚持制造小型高速汽油机的戴姆勒和迈巴赫意见不合,戴姆勒于 1882 年离开了该公司,迈巴赫也随之离开。于是在斯图加特郊外的康斯塔特设立了工厂,着手制造汽油机,他们将奥托四行程发动机改进后于 1883 年推出他们首部戴姆勒卧式发动机。1884 年又推出了性能更好的立式发动机(风冷,1/4 马力,最高转速每分钟 600 转),并于 1885 年 4 月 3 日获得德国专利。1885 年他将此发动机安装于木制双轮车上,并让儿子保罗驾驶,这辆取名“骑式双轮车”的双轮车获得德国专利,这是世界上第一辆摩托车。1886 年戴姆勒把这种发动机安装在他为妻子 43 岁生日而购买的马车上,创造了第一辆戴姆勒汽车,并由迈巴赫成功地完成了试车。遗憾的是,当时的摩托车与四轮汽车在 1903 年的火灾中荡然无存,现在斯图加特的戴姆勒—奔驰博物馆的展车是于 1905 年制造的列普里加样车。

图 6-10　帕西法尔型汽车

1897 年戴姆勒的公司生产出凤凰牌小客车，尤其是 1903 年，以公司主要投资人埃米尔·耶利内克的女儿的教名“梅赛德斯”(Mercedes)命名的小客车投产，耶利内克是当时公司主要投资人，奥地利驻法国尼斯的领事，戴姆勒汽车的热情支持者。其前置发动机有 35 马力，其前车灯、挡风板、双门 5 座位的敞篷车造型更加接近现代轿车的特征，还有比原来更轻、动力更大的引擎，更长的轴距，更低的重心，大大提高了戴姆勒公司的商业地位。

成就荣誉

1882 年他与好友迈巴赫共同在迈巴赫家里制造发动机，并将奥托四行程发动机改进后，于 1883 年推出他们首部戴姆勒卧式发动机。1884 年又推出了性能更好的立式发动机，并于 1885 年 4 月 3 日获得德国专利。

1885 年 8 月 29 日，一辆取名“骑式双轮车”的双轮车获得德国专利，这是世界上第一辆摩托车。(遗憾的是这件世界第一辆摩托车在二战期间毁于战火)。戴姆勒于同年的 8 月 29 日获得专利，成为世界摩托车工业之鼻祖；而他的助手迈巴赫则是世界上第一位摩托车“骑士”。

图 6-11　戴姆勒公司的各种车型

1886 年为纪念妻子 43 岁生日，戴姆勒订购一辆马车，并装上他的立式发动机，这样戴姆勒的首辆汽车诞生了。两人通力合作又研制出一辆装有 1.1 马力汽油内燃机的四轮汽车。虽然戴姆勒和本茨同在一个国度从事汽车研制，但他们从未见过面，所以戴姆勒和本茨的研究成果均得到承认，他们均被公认为世界第一辆汽车的发明者，称他们为“汽摩鼻祖”。

1890 年，戴姆勒创建了自己的汽车公司。

1900 年 3 月 6 日戈特利布·戴姆勒卒于德国斯图加特的巴特坎施塔特。

1926 年 6 月 29 日戴姆勒公司和奔驰公司合并，成立了在汽车史上举足轻重的戴姆勒—奔驰公司(Daimler-Benz)，从此他们生产的所有汽车都命名为“梅赛德斯—奔驰”(Mercedes-Benz)。如今，公司已发展为拥有大约 18 万职工的跨国集团公司，不仅在德国，在世界汽车界也成为举足轻重的企业。

任务三 “赛车之父”——恩佐·法拉利

恩佐·法拉利(Enzo Ferrari),1898 年 2 月 18 日～1988 年 8 月 14 日,意大利著名的法拉利汽车公司的创始人之一,现代汽车工业的先驱者之一,人称“赛车之父”。

简介

中文译名:恩佐·法拉利

英文译名: Enzo Ferrari

国籍:意大利

时间:1898 年～1988 年

出生地:意大利北部莫德拉(Modena)

图 6-12 恩佐·法拉利

恩佐·法拉利,法拉利汽车公司的创始人,就像本茨、福特、保时捷等人一样,在汽车制造业也享有盛誉,被公认为“赛车之父”。恩佐·法拉利一生致力于提高赛车性能。他是一个孤僻的人,却能够激励周围每一个人,让他们为了他的目标而各显其能。因为哺育了他,他的故乡在某种意义上,已经成为全球高性能汽车领域的首府。

图 6-13 Enzo Ferrari

恩佐·法拉利是一位铁匠之子。法拉利的父亲后来成立一座引擎维修工厂,他们父子都曾经参加早期在意大利举行的汽车竞赛,他想要成为赛车手的渴望很早便已萌芽。由于父亲死亡,法拉利被迫辍学,开始赚钱养活自己。法拉利的第一份工作是车床技师,生活困苦,几年后第一次世界大战爆发,法拉利入伍,1918 年大战结束,刚退伍的他找到试车手的工作,而后转往米兰的 CMN 从事赛车手兼试车手的工作。

图 6-14 法拉利跑车

他的赛车生涯始于 1919 年的 Parma Berceto 大赛,同年进入 Targa Florio 车队,1920 年转入 Alfa Romeo,而且往后 20 年与 Alfa Romeo 建立了良好关系,从试车手到赛车手再到销售助理,最后 1939 年担任 Alfa 赛车部门的董事。

1919 年,法拉利驾驶一辆 CMN 的汽车,在一项名为柏塞托帕马雷久(Parma Reggiode Berceto)的爬坡赛中,赢得第四名。那一年,他也首次晋级 Targa Florio 越野大赛。

图 6-15　法拉利 Scuderia Spider 16M

次年，恩佐·法拉利加入阿尔法·罗密欧公司，成为工厂赛车手，并且在当年为阿尔法·罗密欧在 Targa Florio 大赛中赢得第二名。阿尔法·罗密欧很快就明白恩佐·法拉利不仅是一个优秀的驾驶员，更是一位深具潜力的行政管理人，所以在以后几年的时光中，恩佐·法拉利为阿尔法·罗密欧经营车队，然后在 1929 年离开该公司，成立自己的史卡得利亚·法拉利(Scuderia Ferrari)公司。也就是在这段时间，法拉利首次将"跃马"这个标志固定在自己的赛车上。非常明显地，这是因为他有个兄弟曾经是斯夸德里格利亚(Squadriglia)91A 飞行中队(第一次世界大战期间，驾驶斯佩德 Spad Sl3S 战斗机的飞行中队)的一员，跃马图案曾经出现在他们的飞机上。

图 6-16　法拉利标志

在 1923 年法拉利赢得一项赛事之后，巴拉卡(Baracca)女伯爵交给他一片取自于法兰西斯科·巴拉卡(Francesco Bauacca，意大利英雄，在大战中被击落并壮烈牺牲)的飞机、带有跃马图案的布块。显然地，这让法拉利先生想起，将跃马图案摆在自己的赛车上，可以同样纪念他的兄弟和法兰西斯科·巴拉卡。经过数年，恩佐·法拉利将原本图案的外观改成目前的样子：骏马以单一后脚昂立，而且马尾巴耸立起来。

第二次世界大战即将结束之前，法拉利旗下有 200 多位工人，而他也拥有 20 年担任赛车手、车队经理和制车厂长等职务的工作经验。法拉利确信赛车竞赛中的胜利，将会推动轿车的销售量，也就是这种观点，使得他的同名汽车公司于 1947 年诞生。在半个世纪后的今天，GP 大赛中仍然可见法拉利汽车的身影，而且在一级方程式赛车中，他们是唯一使用原厂引擎作为赛车动力的参赛者。在这段时间，法拉利赛车几乎主宰半数以上的比赛。

图 6-17　1950 年 375 型 F1 赛车

当时恩佐·法拉利已经主导赛车界近 70 年，他所产制的汽车曾赢过世界各地的 5 000 多项赛事，而且曾经囊括 25 项世界冠军。恩佐·法拉利在跑车比赛的成功几乎众所皆知。在意大利，赢得家乡主场的胜利是非常重要的，而一向以"车队指挥"闻名的恩佐·法拉利，很早就现身赛车界，而且法拉利的车手经常名列前茅。他们在 1948、1951、1958、1961、1962、1965 和 1972 等年份，赢得以竞争激烈闻名于世的 Targa Florio 大赛；而从 1948 年～1953 年这段期间，以及 1956 年～1957 年这两年，他们也每年赢得 Mille

图 6-18　F2000 型 F1 赛车

Miglia 的胜利。而且欧洲的每一项主要车赛，法拉利车手也几乎都曾夺得过冠军。

正是恩佐·法拉利的不懈坚持，才缔造出今日辉煌的法拉利王朝。

图 6-19　意大利法拉利总部

任务四　美国汽车大王——亨利·福特

亨利·福特(Henry Ford,1863 年 7 月 30 日～1947 年 4 月 7 日)，美国著名的福特汽车公司的创始人，现代汽车工业的先驱者之一，人称“汽车大王”。

图 6-20　亨利·福特

简介

中文译名：亨利·福特

英文译名：Henry Ford

国籍：美国

时间：1863 年～1947 年

出生地：美国的迪尔本

1. 汽车大王

1863 年 7 月 30 日清晨，美国汽车大王亨利·福特诞生于迪尔本。小时候，福特就陷入了对钟表的狂热之中，经常用自制的工具修理钟表，很快就被人们称为“迪尔本的天才钟表匠”。后来，福特 22 岁时，曾经在当时被称为全美十大城市之一的底特律闯荡过两年，已经是位小有名气的机械师。

图 6-21　Henry Ford

如果不是在少年时代见到那辆蒸汽车，福特也许能成为一个杰出的钟表大师。1876 年 7 月，13 岁的福特和父亲乘坐运货马车前往底特律，途中，一辆蒸汽车迎面驶来，福特一下子被这

图 6-22　福特的第一辆车

台“会走路的机器”吸引住了，这台“会走路的机器”对少年福特心灵的冲击和震动无法比拟。50年后，福特在《芝加哥论坛报》发表回忆时说：“我还清楚地记得那辆蒸汽车，好像那事就发生在昨天一样。也许就是在那一刻，决定了我的命运。那台蒸汽车的出现，真是上帝的安排。”1895年11月，美国芝加哥举办了全美首届汽车大赛。有关汽车的消息不断见诸报刊，汽车的发展十分迅速。而此时，福特也成立了以自己为主的四人攻关小组，他们是点火装置技师凯特、引擎技师毕休朴和一名技校学生巴特尔。集体的智慧缩短了福特研制汽车的过程。1896年6月4日凌晨2点，福特的第一辆汽车拧上了最后一颗螺丝。福特亲自驾车，试车成功，达到预想速度。福特的大名从此传遍底特律。

2. T 型车流水装配线

福特于1899年制造的第三辆汽车被业内人士评价为“可以在任何道路上行驶，不逊于美国制造的其他任何一种车”。福特因此被公认为汽车制造领域的先驱者。福特在1901年和1902年两次参加了全美一年一度的汽车大赛，并均以优异的成绩获得冠军，从此福特的大名响遍美国。

图 6-23　福特标志

福特汽车公司于1903年6月16日正式成立。福特任公司副总裁兼总经理和总工程师。试制汽车的艰辛历程使福特清醒地认识到，要想在汽车制造这个领域里成就大业，必须拥有一大批经验丰富的技师和一些志同道合的合作者。因此，为了挽留自己的朋友——机械天才威利斯·哈夫，他不惜把自己股份的年终红利让给威利斯一半。面对福特的深厚友谊，威利斯也送给了福特一份礼物——一张图纸，上面用蓝墨水画着鲜明的椭圆形，中间是模仿福特签名的大写字母“F”，并用花体字写出了“Ford”字样。这个标志后来成为了福特汽车王国的象征，并伴随着福特汽车飞到世界各地。

图 6-24　福特 T 型车

公司成立不到一个月的时间，福特和威利斯就推出了 A 型车，并且取得销售的成功。继 A 型车之后，福特公司又连续推出 N 型、R 型、S 型等大众化汽车。这些产品在销售上获得的巨大成功，使福特更加坚定了走汽车大众化的路子。1907年，福特宣布：“生产一种设计简单的，人人都能买得起的标准化大众车，是本公司今后的主要目标。”

于是，独霸天下的 T 型车于第二年9月27日诞生了。T 型车集中了福特产品的所有优点，而且价格低廉，农民、黑人、低收入家庭都能买得起。紧接着，新闻媒介掀起了对 T 型车的赞美报道，使全美都淹没在 T 型车的狂潮之中。众多的美国人一致认为，福特以性能超群和价格低廉的 T 型车带给人们的最大喜悦，是把汽车从富人们的娱乐工具中独立出来，并向人们展示了这样一个光辉的前景：千百年来困扰人们行路难的问题即将得到解决，一种新的生活就要开始了！第一辆T型车于1908年10月1日交货，亨利·福特称之为“万能车”。它成为低价、可靠运输工具的象征，当别的汽车陷于泥泞的道路上时它却能继续前行。T型车赢得了千千万万美国人的心，人们亲切地称之为“莉齐”。T型车第一年的产量达到10 660辆，打破了汽车业有史以来的所有记录。

1913年，福特汽车公司又开发出了世界上第一条流水线，这一创举使T型车一共达到了1 500万辆，缔造了一个至今仍未被打破的世界纪录。福特先生为此被尊为“为世界装上轮子的人”。

当被问到“是谁发明了汽车”这个问题时，许多人都会回答：亨利·福特。这个普遍的误解正是对亨利·福特的赞美，是他使千千万万人拥有汽车的梦想成为可能。虽然人们普遍承认汽车是在欧洲发明与诞生的，但在19世纪末，有许多美国和欧洲的实验者们同时在努力实现这一理想。亨利·福特可以拥有所有的荣誉，因为是他使汽车不再遥不可及。他的指导原则是：“我要制造一辆适合大众的汽车，价格低廉，谁都买得起。”

图6-25 福特 Thunderbird

在汽车工业的发展史上，福特的这种大规模流水装配线带来了工业生产方式的革命性转变。福特汽车公司首创的以这种生产方法和管理方式为核心的福特制，为后来汽车工业的发展提供了楷模，掀起了世界范围内具有历史进步性的“大批量生产”的产业革命。

如果不提及拥有惊人公众认知度的小型运动车——福特 Thunderbird，福特汽车的历史将不会完整。福特 Thunderbird 诞生于1955年。第一个十日销售期内就下了超过3 500份订单。1971年，Thunderbird 已经是家喻户晓，著名的百货公司内曼马可斯（Neiman Marcus）甚至在其购货清单内增加了“他和她的 Thunderbird”，上面写着“送给拥有一切的人的礼物”。福特汽车公司的另一个成功故事发生在20世纪80年代早期的经济滑坡之后。石油价格飞涨和汽车销量下滑迫使福特需尽快制造出一款既省油又标新立异的汽车，成为中高档汽车的全球领袖。其结果是福特金牛座和水星的问世。这两款车型为汽车工业日后的空气动力设计潮流奠定了基础，象征着福特对所有档次的车型新的质量要求。

图6-26 福特金牛座

3. 福特F系列卡车

1948年1月16日，福特汽车公司建造了第一辆后来成为汽车史上最成功的车型系列的F系列皮卡。自1948年以来，全球各地的消费者、企业和商用车队客户大约购买了2 750万辆F系列皮卡。1995年，F系列压倒大众甲壳虫成为历史上全球最畅销的汽车品牌，包括小汽车和卡车。在北美，F系列卡车连续21年成为最畅销车辆，共计26年荣获畅销汽车称号。

1999年，《财富》杂志将亨利·福特评为“20世纪商业巨人”，以表彰他和福特汽车公司

图 6-27　福特 E-350 型系列卡车

图 6-28　福特梦幻概念车

对人类工业发展所作出的杰出贡献。亨利·福特先生成功的秘诀只有一个：尽力了解人们内心的需求，用最好的材料，由最好的员工，为大众制造人人都买得起的好车。

4. 21 世纪的福特

今天，福特是全球最大的卡车制造商，在全球销售 80 多种不同的汽车，包括福特、林肯、水星、捷豹、阿斯顿·马丁、沃尔沃、陆虎及马自达（福特拥有马自达汽车公司 34%的普通股股权）等品牌。

100 多年前，亨利·福特萌发了一个想法，那就是为每个人提供一辆买得起的汽车，从而使这个世界更加美好。今天，在福特汽车公司，这一信念比以往任何时候都要强烈。

今天，福特汽车仍然是世界一流的汽车企业，仍然坚守着亨利·福特先生开创的企业理念："消费者是我们工作的中心所在。我们在工作中必须时刻想着我们的消费者，提供比竞争对手更好的产品和服务。"

亨利·福特的光芒在于他允许失败，却不能磨灭精神。这个为现代工商业带来了革命的魔法师，以他黑色的魅力感染了全世界。福特 86 年的光辉一生不仅仅是用一个汽车王国改变着我们的生活和工作，更是为后人留下了宝贵的精神财富。这些财富激励着一代又一代有着梦想的年轻人不断前行，让年轻的我们更有力量去探寻和改变未知的世界。

任务五　通用汽车王国缔造者——威廉·杜兰特

威廉·杜兰特(William Durant)1861 年 12 月 8 日～1947 年 3 月 18 日，通用汽车的缔造者，是世界汽车发展史上的一位传奇式的人物。当他发现了汽车的发展前景时，果断地利用自己手中掌握的巨额资金，创建了今天名震全球的通用汽车公司。

图 6-29　威廉·杜兰特

简介

中文译名：威廉·杜兰特

英文译名：William Durant

国籍：美国

生日：1861 年～1947 年

出生地：美国马萨诸塞州波士顿市

1. 通用汽车王国缔造者

图 6-30 William Durant

杜兰特于 1861 年出生在美国马萨诸塞州波士顿市，其外祖父在美国内战末期和战后初期担任马萨诸塞州州长。杜兰特 17 岁时便辍学，在祖父的木柴厂当起了办事员，很快成长为一个企业管理者和成功的推销员。不久他便将自己的业务拓展到了专利药品、雪茄和房地产等更能赚钱的行业。24 岁时，年轻的杜兰特便已经成为了富林特(Flint)保险公司的合伙人。

1886 年，杜兰特对马车制造产生了极大的兴趣，于是，他投资 1 500 美元在弗林特市与道拉斯·道特(J. Dallas Dort)共同建立了一家马车制造公司，能同时生产 Eclipse、Standard、Victoria、Moline 和 Diamond 等众多品牌的马车。他凭借自己出色的销售经验和才华，经过 15 年全美范围内的推销，将最初的 1 500 美元变成了 200 万美元，并且他的马车业务也走向了世界，成为当时美国最大的马车制造商。

杜兰特一再表现出他出众的销售以及经营才华。对此，他的朋友是这样评价的："杜兰特可以把沙子卖给阿拉伯人，然后还能把筛沙子的筛子卖给他们。"

20 世纪初，汽车还是一个新鲜事物，当时汽车行业的发展也相当艰难。

图 6-31 年轻时的 William Durant

1904 年 8 月，当杜兰特听说已经能生产优秀的 2 缸 12 马力发动机的别克公司正在期待别人购买时，或许是从生意角度考虑，在郊外坑洼的泥土上测试了别克汽车之后，杜兰特下定决心接管别克这家销售量低下、负债累累的汽车生产商。

在杜兰特步入汽车行业时，许多人包括他的朋友都表示非常的惊讶，他们都认为杜兰特在马车制造方面取得了辉煌的成就，而汽车行业与马车制造业完全不相关，纳闷为什么他还要进入一个毫无前途的汽车行业。杜兰特执着地认为汽车将成为未来的交通工具，替代马车只是一个时间问题。后来的事实证明，他的抉择非常明智，也正是这样的态度，为他以后成为美国密歇根州有史以来最成功的企业家埋下了伏笔。

在接管别克不久后，杜兰特于 1904 年 11 月 1 日成为别克公司董事长。从此，杜兰特从对汽车一无所知，到开始接受全新挑战，创建一个烙有自己烙印的汽车公司。入主别克品牌之后，杜兰特再次充分施展了他在销售方面的特长。经过杜兰特 4 年的苦心经营，1908 年的时候，别克已经成为美国顶尖的汽车制造商，别克产品也成为当时市场上最畅销的一个品种。杜兰特成了一个成功的汽车制造者，在使自己企业获得巨大成功的同时，也使密歇根的富林特成为美国发展最快的城市，而杜兰特也在当时人们的心目中从"马车国王"变成了"汽车天才"。

2. 缔造通用

随着别克汽车业务的蒸蒸日上，杜兰特开始为自己勾画一个更宏伟的蓝图，一个更庞大的收购计划。他打算成立拥有众多品牌的汽车公司，能让消费者有更多的产品进行选择，并且通过众多品牌的打造，将公司做到最强、最大。1908 年 9 月 16 日，杜兰特在新泽西州联合组建了早期的通用汽车公司。3 天后，通用以 375 万美元的价格收购了别克公司。

随着通用业务的发展，杜兰特设想收购美国最大的几个汽车企业，并将它们和业务突飞猛进的通用合并，从而控制整个产业。这些制造商包括里奥(Reo)、福特(Ford)、麦克斯威尔(Maxwell)、克莱斯勒(Chrysler)和奥兹莫比尔(Oldsmobile)。于是，他采用了以股票换股票的方式将 20 多家汽车制造厂、汽车零部件制造厂及汽车推销公司合并起来。

图 6-32　通用的标志

杜兰特通过 1 年左右的努力，成功地收购了凯迪拉克(Cadillac)、奥兹莫比尔、Northway 和奥克兰(Oakland，庞蒂亚克汽车公司的前身)。一直到 1908 年 9 月 16 日，通用汽车成立的时候，他已经成功将 13 家汽车公司和 10 个零部件生产商合并。

在组建了通用汽车公司后，杜兰特认为汽车产品需要像马车一样，能提供各种款式和各种品牌，来满足不同的收入阶层的不同喜好。正如他认为的那样，在短短的两年时间内，通用生产凯迪拉克、别克、奥克兰、卡特凯特等十多种不同样式的汽车，给消费者提供了更多的选择余地。正是这点，让通用汽车在开创之初超过了福特和其创始人的"一个型号适应所有人"的模式(Ford Model T 最能代表这种模式)。在 1910 年，通用汽车当年利润超过了 1 000 万美元，这对于一个这么年轻的公司来说是非常惊人的。

3. 陷入低谷

图 6-33　陷入低谷的杜兰特

到了 1911 年，通用汽车公司由于扩张太快，加之杜兰特既没有建立必要的公司管理机构，也没有建立必要的现金储备，仅凭销售汽车所获得的现金来支付原材料费用及职员工资，通用汽车陷入了亏损的泥潭，出现了严重的资金危机。杜兰特辞职，无奈地离开了他一手打造出来的通用汽车，他的人生陷入了第一个低谷。

4. 重振雄风

尽管如此，杜兰特却并不是能轻易被打倒的。后来，杜兰特成立了股份制的新通用汽车公司，1917 年 8 月 1 日，新"通用汽车"完全取代了老"通用"，老"通用"宣布解散。

在他第二次执掌过程中，杜兰特收购了费希博德 Fisher Body 和 Frigidaire，并将他们添加到他的雪佛兰、奥兹莫比尔、凯迪拉克和别克的阵营中。在 4 年间，通用汽车公司扩大为 1916 年的 8 倍。

当大萧条到来时，杜兰特耗费了自己所有的精力，苦苦支撑自己的公司业务，但最终因为资金流动困难，在 1936 年宣布破产，并在 1947 年，黯淡地离开人世。虽然斯人已去，但是他一手缔造的通用汽车公司，却成功地存活下来，后经斯隆等人的成功经营，开创了通用汽车时代，使它成为了现在世界上最大的汽车公司。

图 6-34　杜兰特

任务六 日本大批量汽车生产之父——丰田喜一郎

丰田喜一郎(Kiichiro Toyoda,1894 年 11 月 6 日～1952 年 3 月 27 日),日本著名的丰田汽车公司的创始人,日本汽车工业的先驱者。他缔造了丰田汽车工业股份有限公司,实现了他父亲的遗愿:生产日本制造的汽车。

图 6-35 丰田喜一郎

简介

中文译名:丰田喜一郎

英文译名: Kiichiro Toyoda

国籍:日本

时间:1894 年～1952 年

出生地:日本

图 6-36 Kiichiro Toyoda

丰田喜一郎出生于 1894 年,其父亲丰田佐吉既是日本有名的纺织大王,也是大名鼎鼎的“发明狂”。丰田喜一郎花费了 4 个月的时间走访欧美国家,弄清了汽车生产状况,这次国外之旅给他留下了极为深刻的印象,坚定了他发展自己汽车事业的决心。

父亲留给他的最后一句话:“我搞织布机,你搞汽车,你要和我一样,通过发明创造为国效力。”当时,美国平均每 4 人拥有 1 辆汽车。丰田喜一郎作了这样的构想:如果国内每 10 人拥有 1 辆汽车的话,1 亿日本人需要 1 000 万辆,按汽车的平均使用寿命为 10 年计算,每年需要新车 100 万辆。

这是一个十分令人神往的巨大市场。当然,他所没有想到的是,今天的日本已达到每 3 人拥有 1 辆汽车的水平,而且还有大量的汽车出口到世界各国,其汽车总产量多年以前就已超过美国,成为世界头号汽车生产王国。

1933 年,丰田喜一郎产生了指导日后公司发展战略的认识观点:“贫穷的日本需要适合全家的汽车,生产廉价汽车是我的责任。”1933 年 9 月,他着手试制汽车发动机,拉开了汽车生产的序幕。1934 年,他托人从国外购回一辆德国生产的 DKW 前轮驱动汽车,经过连续两年的研究,于 1935 年 8 月造出了第一辆“丰田 GI”牌汽车。

图 6-37 第一辆丰田 GI 牌汽车

丰田喜一郎于 1937 年 8 月 27 日另立门户成立丰田汽车工业株式会社,地址在爱知县举田町,创业资金为 1 200 万日元,拥有职员 300 多人。

丰田喜一郎颇有战略家的眼光，他自一开始组织汽车生产就注意到了从基础工业入手，着眼于整体素质的提高，使材料工业、机械制造、汽车零部件业与汽车工业同步发展，为汽车的大批量生产创造了必要的条件，因此，日本人称他是“日本大批量汽车生产之父”。他十分清楚，汽车生产所涉及的相关产业较多，它们的发展水平直接影响着汽车的质量，其中以材料和机器制造两个行业的影响最大。为解决此矛盾，他一面向日本政府提出发展材料和机器制造两个行业的建议，一面在自己的公司里着手开发炼钢和机器制造。

TOYOTA

图 6-38　丰田 LOGO

1. 风靡全球的“丰田生产方式”

丰田喜一郎对汽车工业的另一项重大贡献在于他对生产过程的科学管理方面的独到见解和创新。为了确保产品质量，实现大批量生产，他在自己的企业中进行了一系列试点。经过调整，公司实现了自身结构的专业化、合理化、科学化，使公司的专业化程度、管理水平、技术水平、生产能力都有了大幅度提高。其次，他将工厂内部的生产结构进行了调整，使其适合于专业化生产。再次，他创出了后来风靡全球的“丰田生产方式”。按照传统做法，汽车生产从铸件到半成品都要先入库，需要时再取货、加工，加工好的零部件每天也要依工厂生产需要办理入库、出库。按照这一程序生产，无形之中加大了库存。丰田喜一郎的创新之处在于将传统的整批生产方式改为弹性生产方式。按照他的模式组织生产，工人和工厂都可得到好处，工人“每天只做必要的工作量”即可，早做完者早下班，做不完者可加班，工厂无须设置存货仓库，无需占用大量周转资金，许多外购零部件在付款之前就已被装车卖出了。他为推广这一生产方式而喊出的“恰好赶上”口号，经后来的公司进一步发展之后，成为完善的“丰田生产方式”。今天，“丰田生产方式”已超越国别、行业而成为世界许多国家争相学习的先进经验。

图 6-39　丰田汽车

2. 丰田喜一郎的商业思想与贡献

①“百忍千锻事遂全”，少年梦想，终生追求

这句日本式汉语的意思是：你坚韧不拔，千锤百炼，就一定会成就一番事业。从 24 岁起，丰田喜一郎就梦想“要生产出几千辆、几万辆、几十万辆汽车，让日本的道路上跑的全是丰田的汽车”。

②执著追求，将梦想化为现实

理想便是志向，然而把理想化为现实，变志向为成果，非一步一个脚印地做不可。丰田喜一郎的目标是把重点放在“丰田的汽车一定要符合日本的具体情况”上。

言必行，行必果。他无不亲自参与，和设计师、工程师、技术工人一起拼命，先后研制出了 A 型六缸直列汽车发动机、A1 型轿车、AA 型轿车、AB 型四门敞篷旅行车，可谓硕果累累。

③集思广益，众志成城

汽车是集机械、电器、铸造、压延、动力等多种技术于一身的复杂产品，是由钢铁、电子、橡胶、玻璃、塑料等多种行业配合完成的综合产品。它不可能靠某个人独自的力量完成，而是集体智慧、集体劳作的结晶。

正如中国谚语中所说到的，“众人拾柴火焰高”，丰田喜一郎正是集合了专家、技术人员以及工人的全体力量，才建立了汽车工厂，制造出真正的国产汽车的。

④团结会产生伟大的力量

1938 年 11 月，超乎当时日本想象的月产轿车 500 辆、卡车 1 500 辆的丰田汽车公司举母工厂正式竣工。在竣工典礼上，丰田喜一郎代表大家庄严宣誓：要为建立日本的汽车工业而献身。他强调：“团结会产生伟大的力量。我们不能因为一个人的不注意而使整个工厂的努力付诸东流。”

丰田喜一郎对丰田的贡献，不只在于他造出了日本的国产轿车，更在于他为丰田今后的发展奠定了各方面的基础。制定了“提合理化建议”制度，因此在加强员工的参与意识，提高员工的劳动热情方面也取得了良好的效果。这个制度坚持不懈地实施了 60 多年，得到了员工们的大力支持，提案建议始终保持着庞大数字，其最重要的直接效果是：最了解生产第一线情况的员工更加致力于改进各自的工作，丰田公司也得以不停顿地向前发展。

⑤制造和销售相辅相成，相得益彰

立志要造出日本国产汽车的喜一郎结合日本的实际情况，很早就认识到：“制造汽车难，销售汽车更难”。丰田喜一郎下决心要建立丰田的销售网络。在“用日本人的手造出日本国产车”这一爱国誓言的感召下，丰田喜一郎运用其丰富的经验提出了“一个府县建一家销售公司”的设想，并且脚踏实地使之成为现实。制造和销售相辅相成，相得益彰，这正是丰田得以长盛不衰的秘诀。

⑥生命不息　研究不止

丰田喜一郎离职后，继续埋头从事他所热爱的研究工作，而当时的他已经患有严重的高血压症。尽管医生一再嘱咐他要安心养病，但是他仍然坚持抱病研究，这种奋斗精神深深地感动了他身边的每一个人。

他对自己不懈研究的状况所作的阐释：“人努力的根源是热情。可以说，热情才是无限的动力。”

⑦驾鹤西去　永远纪念

1952 年 3 月 27 日，丰田喜一郎逝世，享年 57 岁。两年后，丰田的全体员工赠送了一座丰田喜一郎胸像，把它建在丰田汽车总公司大楼前，永远纪念这位日本“国产车之父”。丰田喜一郎不愧为丰田汽车公司的创始人，不愧为日本的“国产车之父”。他的创业精神、研究精神和实践精神，永远值得后人学习。

图 6-40　丰田喜一郎

丰田公司的广告语：车到山前必有路，有路就必有丰田车。

任务七　世界上最伟大的汽车推销员——乔·吉拉德

图 6-41　乔·吉拉德

乔·吉拉德(Joe Girard),被吉尼斯世界纪录誉为“世界最伟大的销售员”,是迄今唯一荣登汽车名人堂的销售员,也是全球最受欢迎的演讲大师。

简介

中文名字:乔·吉拉德

英文译名: Joe Girard

国籍:美国

生日:1928 年 11 月 1 日

出生地:美国底特律市

图 6-42　Joe Girard

乔·吉拉德,1928 年 11 月 1 日出生于美国底特律市的一个贫民家庭。9 岁时,乔·吉拉德开始给人擦鞋、送报,赚钱补贴家用。乔·吉拉德 16 岁就离开了学校,成为了一名锅炉工,并在那里染上了严重的气喘病。后来他成为一位建筑师,到 1963 年 1 月为止,盖了 13 年房子。

35 岁以前,乔·吉拉德是个完全的失败者,他患有相当严重的口吃,换过 40 个工作仍一事无成,甚至曾经当过小偷,开过赌场。

35 岁那年,乔·吉拉德破产了,负债高达 6 万美元。为了生存下去,他走进了一家汽车经销店。3 年之后,乔·吉拉德以年销售 1 425 辆汽车的成绩,打破了汽车销售的吉尼斯世界纪录。而在 15 年的汽车推销生涯中,乔·吉拉德总共卖出了 13 001 辆汽车,其中连续几年平均每天销售 6 辆,而且全部是一对一销售给个人的,创造了一个个汽车销售的吉尼斯世界纪录,他也因此获得了“世界最伟大的销售员”的称号。

1. 奋斗历程

35 岁,正是准备攻上人生的山巅时,乔·吉拉德却跌落到最幽暗的人生谷底,走投无路时,乔·吉拉德向朋友求得汽车销售员的工作,上班第一天他积极卖出第一辆车给一位可口可乐销售员,“那天回家我对太太发誓,从今以后不再让她为温饱而烦恼。”

20 世纪 60 年代,被喻为“汽车城”的全球汽车工业重镇底特律,至少有 39 家大型的汽车经销营业所,每家又各有 20～40 人不等的销售员阵容,可说是全世界竞争最激烈的一处市场。

“通往成功的电梯总是不管用的,想要成功,就只能一步一步地往上爬。”这是乔·吉拉德最爱挂在嘴边的一句话。凭着不想再回头过苦日子的决心与毅力,乔·吉拉德自创许多行销做法,在上千汽车业务重兵集结的底特律,杀出一条血路。

因为有严重口吃,靠嘴谋生的乔·吉拉德特意放慢说话速度,比谁都更注意聆听客户的需求与问题。

乔·吉拉德很有耐性，不放弃任何一个机会。不管等多久，乔·吉拉德都会时不时打电话追踪客户，一年十二个月更是不间断地寄出不同花样设计、上面永远印有“I like you!”的卡片给所有客户。“我的名字‘乔·吉拉德’一年出现在你家十二次！当你想要买车，自然就会想到我!”展示着过去所寄出的卡片样本，乔·吉拉德的执著令人折服。

乔·吉拉德逢人必发名片，每见一次面就发一张，坚持要对方收下。乔·吉拉德解释，销售员一定要让全世界的人都知道“你在卖什么”，而且一次一次加强印象，让这些人一想到要买车，自然就会想到“乔·吉拉德”。直到现在，乔·吉拉德还是保有广发名片的习惯，他说虽然已经不卖车，却还在卖书、卖自己的人生与行销经验，寻求各种可能的演讲与曝光机会。

花了 3 年时间扎稳脚步，乔·吉拉德很快打响了名号，让人生演出大逆转。他第三年卖出 343 辆车，第四年就翻涨，卖出 614 辆车，从此业绩一路长红，连续 12 年成为美国通用汽车零售销售员第一名，甚至变成世界最伟大汽车销售员。

15 年间，业绩突出的乔·吉拉德有很多跳槽、升迁的机会，但是他总是拒绝，他名片上的头衔始终是“销售员”。选择当一辈子的销售员，不是不在乎头衔，而是更在乎钱。因此乔·吉拉德能持续每天在前线从事推销工作，享受每一次成交所带来的快感与金钱奖赏。他兴奋地指出：“今天我卖出 6 辆，明天我就渴望成交 10 辆！我感觉每成交一次，其实都像是被顾客升迁了一次!”

乔·吉拉德这位全球最杰出的销售员，在站上世界巅峰后，却有着不为人知的落寞。他虽然赢得梦寐以求的财富与名望，却失去很多友谊与亲情。孤独，是他登上人生巅峰的代价。

1978 年 1 月 1 日，乔·吉拉德急流勇退，转而从事教育培训工作。如今退休虽已 34 年，他每天依然行程满档，不仅出书，还应邀到世界各地演讲自己的人生经验与推销秘诀，因此，他在销售界仍有相当影响力。

乔·吉拉德连续 12 年荣登世界吉尼斯纪录全世界销售第一的宝座，他所保持的世界汽车销售纪录至今无人能破：连续 12 年平均每天销售 6 辆车；最多一天销售 18 辆车；一个月最多销售 174 辆车；一年最多销售 1 425 辆车；在 12 年的销售生涯事共销售了 13 000 辆车。

乔·吉拉德也是全球最受欢迎的演讲大师，曾为众多世界 500 强企业精英传授他的宝贵经验，来自世界各地数以百万的人们被他的演讲所感动，被他的事迹所激励。

2001 年，乔·吉拉德跻身“汽车名人堂”(Automotive Hall of Fame)，这是汽车界的最高荣誉。目前，名列其中的两百多位名人，都是汽车业界的先驱与灵魂人物，包括福特汽车创办人亨利·福特、本田汽车创办人本田宗一郎、法拉利创办人恩佐·法拉利等人，而乔·吉拉德，是唯一的汽车销售员。

2. 乔·吉拉德成功的启示

①深深地热爱着自己的职业

乔·吉拉德相信，成功的起点是首先要热爱自己的职业。“我就是一个汽车销售员，我热爱我做的工作。”美国埃莉诺·罗斯福曾经说过：“没有得到你的同意，任何人也无法让你感到自惭形秽。”乔·吉拉德认为在推销这一行尤其如此，如果你把自己看得低人一等，那么你在别人眼里也就真的低人一等。

②工作是通向健康、通向财富之路

他认为，最好在一个职业上待下去。因为所有的工作都会有问题，明天不会比今天好多少，但是，如果频频跳槽，情况会变得更糟。他特别强调，一次只做一件事。以树为例，从种下去，精心呵护，到它慢慢长大，就会给你回报。你在那里待得越久，树就会越大，回报也就相应越多。

③倾听和微笑

乔·吉拉德说："有两种力量非常伟大。一是倾听，二是微笑。你倾听得越长久，对方就会越接近你。我观察，有些汽车销售员喜欢喋喋不休，却没收到好的效果。上帝为何给我们两个耳朵一张嘴？我想，意思就是让我们多听少说。"

图 6-43　微笑

乔·吉拉德说："要推销出去自己，面部表情很重要。它可以拒人千里，也可以使陌生人立即成为朋友。笑可以增加你的面值。当你笑时，整个世界都在笑。一脸苦相没有人愿意理睬你。"他说："从今天起，直到你生命最后一刻，用心笑吧。如果我们都找到两大武器——倾听和微笑，人与人就会更加接近。"

"在我的生活中，从来没有'不'，你也不应有。'不'，就是'也许'，'也许'，就是肯定。我不会把时间白白送给别人的。所以，要相信自己，一定会卖出去，一定能做到。你认为自己行就一定行，每天要不断向自己重复。你所想的就是你所想，你一定会成就你所想，这些都是非常重要的自我肯定。Impossible（不可能），去掉 im，就是 possible（可能）了。要勇于尝试，之后你会发现你所能够做到的连自己都惊异。"

乔·吉拉德说："所有人都应该相信，乔·吉拉德能做到的，你们也能做到，我并不比你们好多少。而我之所以做到，便是投入专注与热情。"

④爱的信息是唯一的诀窍

乔·吉拉德说："我每月要发出 1.6 万张卡，并且，无论买我的车与否，只要与我有过接触，我都会让他们知道我记得他们。我寄卡的所有意思只有一个字：爱！世界 500 强中，许多大公司都在使用我创造的这套客户服务系统。我的这些卡与垃圾邮件不同，它们充满爱。我每天都在发出爱的信息。"

图 6-44　乔·吉拉德

⑤你就是唯一

一定要与成功者为伍，以第一为自己的目标。乔·吉拉德以此为原则处世为人。他说："我是我生命中最伟大的！没有人跟我一样。上帝造了你后，就把模具毁掉了，这就是你的标志。"乔·吉拉德对自己说："每个人的生活都有问题，但我认为问题是上帝给我的礼物，每次出现问题，把它解决后，你就会变得比以前更强大。"

⑥一切由我决定，一切由我控制

坎坷的人生经历、传奇的销售生涯、富有煽动性的演讲，使得乔·吉拉德成为了营销界里富有传奇色彩的人物。他有着超人的精力和一颗强烈的事业心，他能够用自己的热情和行动去感染身边的人。在他眼里，这种富有感染性的特质就是"火花"，而乔·吉拉德深信"火花能产生熊熊烈火"。

任务八 “中国汽车之父”——饶斌

饶斌（1913 年 3 月 3 日～1987 年 8 月 28 日），中国汽车工业的奠基人，新中国汽车工业传奇人物，享有“中国汽车之父”的盛誉。

图 6-45 饶斌

简介

中文名字：饶斌

国籍：中国

时间：1913 年～1987 年

出生地：吉林省吉林市

1913 年生于吉林省吉林市的饶斌，学生时代参加了中国共产党领导的抗日救亡运动，1937 年加入中国共产党，抗日战争爆发后，赴晋西北参加开辟和建设抗日根据地，日本投降后，被派回东北，新中国成立后，历任中共松江省委第一副书记、松江省人民政府副主席兼哈尔滨市市长、东北计划委员会副秘书长等职。

图 6-46 饶斌

1953 年 7 月 15 日，第一汽车厂奠基典礼在长春市举行，饶斌把第一锹黑土抛向由毛主席亲笔题写的奠基石，一汽正式动工兴建。虽是半路出家，但饶斌领导一汽仅用 3 年时间就在长春市南郊一片荒野上建起一座汽车城。

1956 年 7 月 13 日，第一辆解放牌 4 吨载货汽车正式下线，结束了我国不能制造汽车的历史。1958 年 2 月，毛主席在视察一汽时，向工人们提出“什么时候能坐上我们自己造的小轿车”。于是饶斌率全厂职工誓师奋战，几个月之后，一汽试制出了东风牌轿车，作为党的“八大”献礼车。

1958 年 5 月 21 日，饶斌开着东风轿车驶进中南海，毛泽东高兴地说：“我终于坐上了我们自己造的小汽车了。”此时的东风轿车其实只是一辆仿制设计的轿车。随后，饶斌接受了中央下达的生产红旗轿车的任务。在分析了多种国外样车之后，饶斌和同事们最后决定参考美国克莱斯勒公司 1955 年生产的 C69 轿车进行试制。经过不分昼夜、争分夺秒的工作，1958 年 7 月，第一辆红旗 CA72 高级轿车成功试制出来了。这辆车堪称中国汽车工业史上的珍品。

图 6-47 一汽生产的第一辆解放汽车

1964 年，国务院会议确定红旗轿车为“国车”，从此开始了它进出红墙的光辉岁月。1972 年，美国总统尼克松率领由 500 人组成的庞大代表团来华访问，“红旗”取代他的总统专车为美方服务。让美方震惊的是，“封闭多年的中国，如何会造出如此高档的轿车”。

图 6-48 第一辆红旗 CA72 轿车

此时，一汽从无到有，已初步形成一个以载货汽车为主的现代化汽车制造和科研基地，是当时中国汽车工业第一座最现代化的汽车工厂。

1960 年回京任职的饶斌，在几年之后迎来了他人生中又一次重大转折——建设第二汽车制造厂。

作为一汽的创建人，建设二汽的重大使命再一次落在了饶斌的肩上。从 1964 年到 1978 年，饶斌为建设第二汽车厂整整奋斗了 14 个年头，而且多是在动乱的“文革”岁月。在特定的历史条件下，整个建设工作受到了极大的干扰，这也是他一生中最为艰难的一段岁月。

饶斌在讨论二汽的建厂方案时，认为应该向汽车工业发达国家学习，搞专业化生产。饶斌提出的具体方法是“聚宝”，即“聚”全国机械汽车行业之“宝”，用“老厂包建新厂”的办法，进行设计和建设，这个建厂思路得到了国务院领导的肯定。

饶斌原是一汽厂长，因此，二汽建设要依靠一汽，这是饶斌一开始就树立的思想。1965 年，一汽成立支援二汽办公室，投入很大力量帮助二汽建设，成为二汽建设的主力和支柱力量。

图 6-49 二汽生产的 EQ240 型卡车

在那段特殊年代里，饶斌一边应对造反派的隔离审查，一边竭尽全力为二汽建设操劳。1975 年 6 月，建成了二汽两吨半越野车生产阵地并顺利投产。1975 年 7 月 1 日，饶斌亲自开着第一辆 2.5 吨东风卡车驶下生产线。为了这一天，饶斌和二汽的干部职工们已经艰难跋涉了 10 多年。

1978 年，二汽提前 7 天超额完成年产 3 000 辆汽车的任务，完成总产值 1.7 亿多元，作为中国第二个汽车工业基地的成员，二汽人终于结束了吃国家基建饭的历史。

改革开放之初，饶斌意识到中国汽车与国外的差距已经成为经济发展滞后的瓶颈。当时，邓小平同意引进汽车合资项目，饶斌建议由上海承担。经过 60 多轮谈判，基本上确定与德国大众合作 15 万辆的项目，因为只有他们愿意提供 1982 年投产的桑塔纳新车。

图 6-50 上海 SH750 型轿车

饶斌旗帜鲜明地支持上海的轿车项目，驳斥了来自各方面的非议。对于上海的合资项目，饶斌说得很透彻：“把上海桑塔纳作为改造上海牌轿车的项目，是为小轿车发展铺基垫路的项目。”他认为发展轿车业是中国汽车工业又一次艰难的创业，亦是一次思想观念的深层次转变。

业界认为饶斌在改革开放期间的最大贡献是敢于以上海作为探索中国轿车发展的“试验田”，不仅显示了战略家的眼光，还有丰富的对行业发展的谋略，其启示意义在于通过国产化改造了零部件行业，为中国汽车工业的转型(从卡车生产为主转向以轿车生产为主)打下了扎实的基础，从而为中国汽车工业重心的战略转移提供了信心。

中国的汽车工业就是一条路，一条碾满车轮痕迹的路。车轮滚滚，时代纷纷。新中国建立前，我国是一个落后的农业国，国内既不能制造汽车、飞机，也没有大型工业。我国的汽车工业发展是从建国后开始起步的。从 1953 年 7 月 15 日第一汽车制造厂动工兴建，到 1978 年我国汽车年产量达到了 14.91 万辆。

从新中国成立初期到改革开放前的 30 年间，中国的汽车工业虽不似今日这般花团锦簇，但从无到有、初创缔造，因其艰苦奋斗的创业激情而显得弥足珍贵。

改革开放以来，我国汽车工业经历了产品结构调整、兼并重组和资本多元化改造等过程，得到了快速的发展。2010 年，中国汽车产销量双双突破 1 800 万辆，不仅蝉联世界第一，且创全球历史新高。

1987 年 7 月 15 日，这一天是中国第一汽车制造厂"34 周年厂庆"的日子。当 74 岁的饶斌出现在主席台上时，全场起立，掌声雷鸣。白发苍苍的饶斌激动地看着这一幕。台上台下，方寸之间，但隔着数十载的岁月，隔着无数汗水和奋斗凝结的年华，唯一不变的是几代人的汽车情怀。

图 6-51　晚年的饶斌

"汽车工业第一次创业是建一汽，这是从无到有的创业，结束了中国不能生产汽车的历史。第二次创业就是完成这次换代改型这一历史任务，是从老到新、从落后到现代化的创业。迎接小轿车的发展是第三次创业的基本内容，第三次创业我就更起不了作用了，但我愿趴在地上，化作一座桥梁，让大家踩着我的身躯走过，齐心协力把轿车造出来。实现我们几代人的中国轿车梦，希望在有生之年还能看到这个胜利。"说完此语，饶斌潸然泪下。

在中国工业史上，有两个决定了中国汽车产业发展的由饶斌主导的大事，一是组建长春第一汽车制造厂，结束了中国不能生产汽车的历史；二是上海桑塔纳合资成功。事实上，后者不仅决定着一个企业的合资命运，还关系到一个行业如何发展，深远地影响了未来 30 年中国汽车工业的走向。当中国汽车工业走到历史岔路口的时候，是饶斌把握住了方向盘，他选择了合资生产，而不仅仅是引进技术。德国大众前董事长哈恩如此评价饶斌："他是一位能站在历史高度上看问题的战略家。"

饶斌逝世后，中国汽车工业的同行们这样评价："汽车就是他的生命，中国汽车业之父饶斌。""如果说有一个人的经历能够完整地反映中国汽车工业最初 30 多年的发展历程，这个人无疑应该是饶斌。""如果没有饶斌的全心投入，中国汽车工业将是另一种景象，大家尊称他为'中国汽车业之父'是当之无愧的。"饶斌是新中国汽车工业史上杰出的开拓者和奠基人。

【知识窗】

汽车名人堂

1939 年 10 月 18 日，以"是谁贡献了生命"为主题，汽车产业的进步人士在纽约市举行活动，拟建立一个组织，希望维持对早期的汽车先驱的记忆，以及表彰在当代从事汽车行业的杰出领导者。

1971 年,该组织转移到华盛顿在密歇根州米德兰,约 193 千米处的底特律。

1975 年,第一个汽车名人堂的建立在米德兰开幕,并经历了 22 年的辉煌。

1997 年 8 月 15 日,新的汽车名人堂在密歇根州迪尔伯恩开幕。

目前超过 200 人进入汽车名人堂,包括奔驰、博世、布加迪、雪佛兰、克莱斯勒、雪铁龙、道奇、法拉利、福特、本田、迈巴赫、奥兹、标致、保时捷、雷诺、丰田等世界顶级汽车公司的领导人,他们都为汽车工业的发展作出过卓越贡献。

如今,汽车名人堂每天游客近 3 万人,已经成长当地最受欢迎的旅游景点之一。汽车名人堂是从事汽车行业的人们的最高荣誉。要成为“名人堂成员”的候选人必须是已退休或去世,必须是极大地影响了汽车或汽车产业的发展的人。通常情况下,每年都有 4 至 8 人入选。

【想一想】

1. 历史上出现的汽车名人,他们有什么共同点?
2. 汽车的发明,给我们的生活带来了什么?
3. 除了本书中提到的名人外,利用我们身边的资源再找出 10 位给大家讲讲。

项目七
赛车运动

【学习目标】

- 了解赛车运动的起源、分类
- 了解汽车对工业革命的影响
- 了解汽车拉力赛、耐力赛、越野场地赛、卡丁车赛的发展

任务一　赛车运动的起源

赛车运动是指汽车在封闭场地、道路上或野外，比赛速度、驾驶技术和性能的一种体育运动项目。赛车运动是集人、车为一体的综合较量，既体现了车手的个人技艺、意志和胆量的竞争，也体现了人类对自然的征服能力。

赛车运动既为汽车厂家提供了一个苛刻的产品质量试验场，也为汽车爱好者带来一种刺激和美的享受。赛车运动推动了世界汽车工业的科技进步和快速发展。赛车运动的成绩在一定程度上会影响汽车生产厂家的产品市场占有率，所以各国的大汽车厂商都非常重视参与赛车运动。其中依靠赛车运动发展起来的最著名的品牌，就是法拉利了，另外还有日本本田、三菱等，都因汽车运动而发展。

赛车运动是速度的追求，回顾汽车发展的历史，每次赛车运动都推动着汽车技术的发展，赛车运动中汽车速度记录的每一次改写，都是汽车技术发展的里程碑。

图 7-1　早期赛车运动

真正意义上的第一次赛车运动诞生日是 1894 年 6 月 11 日，那天法国《小人物》杂志(Le Petit Journal)在巴黎举办了赛车会，从巴黎出发经里昂又返回巴黎，赛程 126 千米，共有 102 辆车参赛，比赛的目的主要是考核汽车的行驶可靠性。赢得比赛的车必须“安全、易操控、经济”。最后只有 9 辆车到达终点。法国德·迪昂(De Dion)蒸汽车第一个到达终点，车速每小时 24 千米，但这辆蒸汽车并不是一辆实用的道路用车，因此组委会将奖品发给后面的标致和潘哈德·勒瓦索两辆

汽油车。

世界上最早使用汽油汽车进行的长距离汽车公路赛是在1895年6月11日～14日由法国汽车俱乐部和《鲁·普奇·杰鲁瓦尔》报社联合举办的一场比赛，路程从巴黎到波尔多往返，全程长达1 178千米，参赛车辆总共有23辆，其中包括蒸汽车和汽油车。有趣的是，获得比赛第一名的竟被取消了冠军头衔。这个人叫埃米尔·鲁瓦索(Emile Levassor)，共用时48.8小时，平均车速为每小时24千米。由于比赛规定赛车上只许乘坐一人，而他的车上却乘坐了两人，因此失去获奖资格，结果落后很远(用时59小时)的驾驶标致车的剀弗林赢得了冠军。此次比赛跑完全程的有8辆汽油车和1辆蒸汽车，第1～7名全被汽油车垄断，汽油车大获全胜。此外，安德烈·米其林驾驶标致充气轮胎赛车也参加了比赛。当时成千上万的观众冒着风雪目睹了这一赛事，并为汽车这一新玩意儿所吸引。一时间，汽车发明家、赛车手成了纽约、芝加哥等大城市里市民们饭桌上议论的热门话题。

1900年6月14日举行的从巴黎至里昂的“格顿·贝纳特杯”汽车赛是世界上最早的国际汽车锦标赛。由《纽约先驱》(New York Herald)出版商格顿·贝纳特(Gordon Bennett)创建的该项赛事每年举办一次。第一届比赛有来自法国、比利时、美国和德国的选手，分别驾驶5辆汽车参加比赛，跑完全程的只有2辆。法国人法南德·夏伦以每小时61.96千米的速度获得这次锦标赛的冠军。

在以后的赛车比赛中，为避免汽车在野外比赛时扬起的漫天尘土影响后面车手的视线，造成伤亡事件，比赛逐渐改为在封闭的道路赛场和跑道上进行，这就是汽车场地赛的雏形。最早的汽车场地赛于1896年在美国的普洛维登斯举行。为了吸引更多的人参加汽车比赛，使比赛更具刺激性和挑战性，法国《汽车》杂志社于1905年6月在法国勒芒(Le Mans)市举行了第一次真正意义上的场地世界汽车大奖赛(Grand Prix，又译为“格兰披治”)。从此，汽车大奖赛成为世界体育舞台上一项非常重要的赛事，小城市勒芒也因此闻名于世。

1911年，摩纳哥首次举办了将欧洲10国各自的首都作为起点，以摩纳哥的蒙特卡洛为终点的汽车长途越野赛。这项比赛以“Rally”命名，译为“拉力”。此类长途越野赛被世人称为“拉力赛”。

法国对赛车运动的产生及发展作出了极大的贡献，因此现在的国际性赛车比赛也叫“格兰披治”，它是法文“Grand Prix”(简称GP)的音译，意思就是大奖赛。

今天，各式各样的汽车比赛已成为世界范围内一项影响较大的体育运动。多姿多彩的汽车运动使这一冷冰冰钢铁机器充满了柔情蜜意，同时，汽车运动的激烈、惊险、浪漫、刺激，不仅使成千上万的观众为之痴迷，还使世界汽车技术发展日新月异。

图7-2 国际汽联FIA标志

1904年6月10日，由法国、英国、德国等欧洲国家发起，在巴黎成立了国际汽车联合会(Federation Internationale de I'Automobile，FIA)，简称“国际汽联”，总部设在瑞士，其标志如图7-2所示。FIA以推动汽车工业发展为宗旨，FIA最高权力机构是世界汽车旅游理事会和世界汽车运动理事会。这两个理事会的主席均由国际汽联主席担任，分别另设一名执行主席。

中国汽车运动联合会简称 FASC，其标志如图 7-3 所示，于 1975 年在北京成立，1983 年加入国际汽车联合会。中国汽车运动联合会的任务是负责全国汽车运动的业务管理，组办国内外汽车比赛和体育探险活动，指导群众性汽车体育活动，培训运动员、教练员和裁判员，参加国际交往和技术交流。

图 7-3 中国汽车运动联合会标志

任务二 赛车运动的分类

究竟有多少类别的汽车比赛，目前也没有较明确的统计数字和分类。因为划分汽车比赛的类别取决于诸多因素。

(1)按照车型的不同，可分别为轿车、越野车、皮卡、卡车、老爷车等原厂车型的赛事；还有特制车辆的赛事，比如各种级别的方程式赛车、美国的印地赛车、NASCAR 赛车、CART 赛车、卡丁车以及耐力赛车等。

(2)按照比赛的场地和路面不同，可分为赛车场内的场地赛；封闭某段街区公路的街道赛；山区柏油路面和砂石路、雪地、沙漠等地段的拉力赛；泥地、山地、丛林等地段的越野赛等。

(3)按照比赛的方式不同，又可分为在同一赛车场内行驶相同圈数(里程相同)，比用时多少的计时赛；还有在同一赛车场内同一时间里比行驶里程长短的耐力赛；有在较短的直道上比试加速性能的直线冲刺赛；有从山下出发，看谁最快到达山顶的爬山赛；有路线长达数千甚至一万多千米、贯穿多个国家和地区的单项马拉松拉力赛；还有出发和宿营地点相同而每天行驶的方向不同、全年有数个分站比赛的拉力锦标赛等。

任务三 永不满足——方程式赛车

一、概述

方程式汽车赛是汽车场地赛的一种，1950 年国际汽车联合会出于安全和汽车技术发展的需要，颁布了赛车竞赛规则，对汽车自身质量、车长、车宽、发动机功率和发动机排量等技术参数作出了一系列规定，使赛车比赛趋于公平，因此便有了“方程式赛车”的概念。

方程式赛车的级别有分多种，主要有：一级方程式(简称 F1)、二级方程式(简称 F3000)、三级方程式(简称 F3)、亚洲方程式、自由方程式、福特方程式、雷诺方程式、卡丁车方程式等。

F1 方程式比赛的车队由三部分组成。一是赛车，均由著名汽车制造厂家研制，一般每个车队有一至两辆参赛车辆；二是拥有 FIA 颁发的“超级驾驶执照”的车手，全世界拥有这种执照的不到 100 人；三是维修人员，一流的汽车维修人员，负责赛车的维修保养。

图 7-4　F1 锦标赛

二、F1 赛车

在国际汽联的 F1 赛车技术规则里，F1 赛车（图 7-5）定义为：一种至少有 4 个不在一条线上的轮子的车辆，其中至少有两个轮子用于转向，至少有两个轮子用于驱动。FIA 对 F1 赛车制定了统一的技术规则，对 F1 赛车整车尺寸、重量、发动机排量、轮胎、安全装置等制定了详细的规则。

图 7-5　F1 赛车

1. 车身

FIA 对车身的要求如下。

（1）长度：没有长度限制，但赛车前端与前轴中心线间的距离不得超过 1.2 米。

（2）宽度：赛车的总宽度（包括完整的车轮）在方向盘打正时，不超过 1.8 米。后轮中心线前面的车身宽度不超过 1.4 米。后轮中心线后面的车身宽度不超过 1 米。前翼子板宽度限制在 1.4 米以内，后翼子板宽度不超过 0.5 米。为了防止对其他赛车造成伤害，前轮前面的车身上任何边缘厚度至少 10 毫米，边缘圆角半径至少 5 米。

（3）高度：车体任何部件高度不得超过基准面 0.95 米。

（4）重量：F1 赛车重量是指赛车及车手的总重量（车手在比赛中一直穿戴的服装及装备的重量），在排位赛期间不少于 605 千克，在正式比赛中不少于 600 千克。

2.发动机

图 7-6 F1 发动机

FIA 对 F1 赛车发动机(图 6-6)的技术规格要求是:采用四行程往复活塞式发动机,不得使用转子式发动机;发动机必须使用自然进气发动机,不得使用涡轮增压或机械增压或发动机;气缸数必须为 10 缸,引擎容量不可超过 3 000毫升,而且气缸形状必须是圆的;禁止使用可变几何长度的进排气系统。为了减轻车重,大多数赛车均不安装启动机。在大赛开始前,车手在维修站内用轻便启动器发动赛车,然后开进赛场整装待发。

F1 赛车的引擎只有 569 毫米长、506 毫米宽、492 毫米高(包括风箱)。离合器只比成年男子的拳头大一点而已。高科技材料使得引擎变得很轻,重量只有 97 千克。

例如,F1 赛车火花塞的韧性比一般普通房车强,如此才能承受每分钟转 18 000 下的震动。但它们的尺寸却比较小,螺纹直径只有 10 毫米(标准火星塞为 14 毫米),所产生的火花也比标准火花塞的大。

令人惊讶的是,虽然 F1 赛车引擎的燃烧温度可达 1 000 摄氏度,但在运转时却比普通房车引擎温度稍低。一级方程式 V10 的冷却剂温度可低到 110 摄氏度,油料温度可达 140 摄氏度,大约比普通房车低 20 摄氏度。

这么小的机器却能产生如此之大的能量,你难道不想把 F1 赛车的引擎装到自己的车里吗? 也许不想,因为 F1 赛车引擎每跑 100 千米就吃掉 60 升的汽油。

3.轮胎

图 7-7 F1 赛车轮胎

轮胎性能、空气动力学和发动机功率是决定 F1 赛车速度的三大要素,但轮胎通常比其他所有因素加在一起的作用更大。

为了使发动机的动力能可靠地传递到路面,轮胎制作得相当宽大,用以增加与地面的接触面积。根据天气的不同,赛车选用不同的轮胎:干地轮胎和雨地轮胎。干地轮胎直径 660 毫米,轮胎的表面有 4 个纵向凹槽,这些凹槽在轮胎表面中心线两侧以 50 毫米的间隔对称排列,深度至少为 2.5 毫米。雨地轮胎直径 670 毫米,要确保在湿滑的路面上有足够的抓地力,必须迅速排除进入胎纹与地面间的雨水,使轮胎表面更有效地接触地面,所以雨地轮胎要设计成能够充分适应湿滑路面的高性能复合排水纹路。所有的轮胎在比赛前,工作人员要用特制的轮胎毯套对其进行加热或保温,使橡胶具有黏性和韧性,以获得较大的附着力,避免发动或转弯时打滑。比赛中的高速行驶及频繁的强力转向和急刹车使轮胎磨损极快,经常需要在中途换胎。因此,赛车轮胎只有一个紧固螺栓,便于迅速拆装。

三、F1 车手

1. 成为 F1 车手的要求和注意事项

据国际汽车联合会规定,参加 F1 比赛的选手,必须持有“超级驾驶执照”。而每年全世界有资格驾驶 F1 赛车的车手不能超过 100 名。因此,为了跻身 F1 赛场,每名车手必须过五关斩六将,先是小型车赛,然后是三级方程式,接着是二级方程式,这一切都通过了,才能获得“超级驾驶执照”，成为 F1 车手。

在 F1 比赛中，车手起着举足轻重的作用，在赛车性能基本相同的条件下，车手往往起着决定成败的关键作用。F1 车赛不仅是车速的比试，同时也是车手体能和意志力的较量。在比赛过程中，车手要消耗大量的体力，承受因加速、减速和离心力所引起的巨大作用力。比如，在高速转弯时，其离心力常常高达车手体重的 4～5 倍。在比赛过程中，车手的脉搏达每分钟 140～160 次，并且持续 5 小时左右。虽然 F1 大赛非常消耗体力，但车手们却不能随意补充营养、增加体重，原因在于过多的肌肉会消耗体内的能量，比赛时易感到疲劳。

F1 比赛是一项很危险的汽车运动，比赛时不可避免地会发生翻车、起火等事故，因此，为了保护车手的人身安全，FIA 规定车手在比赛时必须穿戴经其批准的专用服饰。头盔必须是戴面罩的全脸头盔；衣服和手套也是用一种特殊的耐燃材料缝制而成的防火服装；比赛鞋用皮革制成，里面还衬以泡沫塑料，表面覆盖一层防火材料。按照 FIA 的标准，一个装备齐全的车手必须在 700 摄氏度的火焰中待上 12 秒不会被烧伤。此外，车手在比赛时还必须佩戴一副耳塞，以保护车手的耳膜不被发动机的轰鸣声所伤害。

2. F1 历史上著名车手

F1 赛事已走过了半个世纪的历程，涌现出了众多的著名车手，其中以巴西车手塞纳和德国车手舒马赫尤为出色。

埃尔顿·塞纳(Ayrton Senna)(图 7-8)以其勇敢、智慧，奔驰在赛场上 10 年，创造出了不平凡的成绩，被公认为赛车史上最具天才的车手之一，被人们称为“赛车王子”。

图 7-8　埃尔顿·塞纳

塞纳 1960 年出生在巴西圣保罗市的一个汽车工厂主家庭，13 岁参加卡丁车比赛，初战告捷，从此节节胜利，17 岁夺得南美冠军。1981 年塞纳前往欧洲参加方程式汽车赛。不久，他就夺得福特 1600 和福特 2000 方程式的冠军，在赛车界崭露头角。1983 年他更上一层楼，参加 F3 方程式比赛，并获得了全英 F3 冠军。1984 年塞纳终于得到了进军 F1 的机会，这一年他加盟托勒曼车队，并以出色的表现证明了自己的实力，使他得以在 1985 年转会到更加强大的莲花车队。

20 世纪 80 年代至 90 年代初是塞纳赛车生涯的辉煌时期，161 场 F1 大奖赛，3 次世界总冠军，41 个单站冠军，80 次登上领奖台，空前的 65 次首发记录。塞纳一时间几乎成了 F1 赛事的代名词。

1994 年 5 月 1 日在意大利伊莫拉赛道，当比赛进行到了第 7 圈时，塞纳的车突然失去控制，以每小时 300 千米的速度撞向赛道发车位前的第一个弯道，赛车当即撞毁，塞纳被从右前悬架上撞飞出的一个部件击中头部，不幸遇难。塞纳之死震惊了世界，赛车界无不为失去这样一个天才车手而惋惜，伟大的车手范基奥悲痛地说：“塞纳是最有希望打破纪录的人，现在不知要等到何时了。”塞纳的遗体运回巴西后，巴西政府为他举行了隆重的国葬。在巴西，塞纳是国家的象征、民族的骄傲。

迈克尔·舒马赫(Michael Schumacher)(图 7-9)是当今 F1 成绩最辉煌的赛车手，到 2004 年为止他一共 7 次荣获年度车手世界冠军，是迄今为止获胜次数最多的 F1 赛车手。

迈克尔·舒马赫 1969 年 1 月 3 日生于德国，他的父亲将一台小发动机装在一辆废弃的卡丁车上给他玩。他 4 岁就开始参加卡丁车比赛。1991 年他在乔丹车队首次参加了 F1 大奖赛，1992 年他在比利时获得了第一个分站冠军，并在那个赛季获得了总成绩第 3 名。

1994 年他第一次夺得世界冠军，并于次年卫冕成功。1996 年他加盟法拉利车队，虽然赛车问题不断，但他还是获得了第 3 名。1999 年赛季对于舒马赫来说是令人失望的，积分第二，力争为法拉利车队赢得 20 年来第一个车手总冠军的舒马赫却在英国银石赛道撞断了腿，他也因此休息了 3 个月。

图 7-9 迈克尔·舒马赫

2000 年，舒马赫为法拉利车队夺得车队和车手双料冠军，成为 3 届世界一级方程式冠军车手，也是法拉利车队 21 年来的首个冠军车手。2001 年舒马赫再为法拉利车队夺得车队与车手双料冠军。到 2005 年初舒马赫共参加了 211 场 F1 比赛，获得 83 个分站冠军，137 次登上颁奖台，他的 F1 总积分高达 1 186 分，并创纪录地获得 7 次年度车手冠军（1994 年、1995 年、2000 年、2001 年、2002 年、2003 年、2004 年），成为 F1 历史上第一位七冠王，是当今赛车世界当之无愧的王者。

2006 年 9 月，舒马赫在第 5 次夺得了意大利大奖赛冠军后宣布，他将在该赛季结束后离开 F1 车坛，结束自己 16 年辉煌的职业赛车生涯。车王在赛后的新闻发布会上说："今天可能是我职业生涯最特别的一天，但是很抱歉，我真的要走了。"他眼睛湿润地表示："我非常热爱赛车，我在职业生涯中享受了很大的快乐。我首先要感谢所有支持我的车迷，他们的支持给了我无比的力量。我还要感谢一直鼓励我的家人，我的妻子、孩子，谢谢你们。"37 岁的车王在此前的比赛中战胜了雷克南，在法拉利的主场赛道上用最完美的方式见证了自己的告别时刻。

四、F1 车队

F1 车队是一个团队，F1 文化的核心之一就是团队文化，团队力量发挥的好坏直接决定着车手的成绩。F1 车队的人员编制，以总部位于英国伦敦近郊的迈凯轮—奔驰车队为例，车队的工作人员就超过 500 人，这还不包括在德国斯图加特奔驰总部发动机研发部门的员工及其他技术伙伴的员工。车队每站比赛大约需要动员 60～100 名工作人员到比赛现场负责比赛的运作。赛事小组是实际负责赛事运作的核心工作人员，包括技术总监、比赛小组经理、资深赛车工程师、首席技师、软件工程师、赛事策略师、2 名车手工程师、2 名助理工程师、2 名系统工程师、2 名数据分析师、12 名技师、2 名装配式发动机装配技师、卡车司机领班、电气技师、2 名轮胎技师、资深燃油技师、备胎协调员、车队协调员等。

1.法拉利车队

法拉利车队(Scuderia Ferrari)成立于 1929 年，车队总部设在意大利摩德纳，是 F1 历史上最具历史传奇色彩的车队，红色是法拉利车队的标志色。

从 1950 年 F1 大奖赛创办起就开始参赛的法拉利车队是 F1 车坛的标志。在半个多世纪的时间里，法拉利人见证了 F1 大奖赛的兴衰变迁。20 世纪 70 年代是法拉利车队风光无限的 10 年，在车手尼克·劳达的强悍驾车风格的带领下，车队赢得了多次胜利，从 1975 年到 1983 年之间的 9 年时间里，他们包揽了 6 届 F1 大奖赛年度冠军。

图 7-10　法拉利团队与赛车

1996 年法拉利车队签下了冠军车手迈克尔·舒马赫,车队从此实力大增,1999 年取得车队年度冠军。2000 年开始,意大利这匹红色烈马登上了 F1 锦标赛历史上的巅峰,法拉利车队与车王迈克尔·舒马赫蝉联了 2000～2004 年度的车手与车队世界冠军。值得一提的是,2002 赛季,在 F1 大奖赛 17 站的比赛中,法拉利车队势如破竹地获得了其中 15 站的冠军。特别是在 2004 年度的赛季,迈克尔·舒马赫更是 7 次荣登 F1 世界冠军的宝座。

迈克尔·舒马赫这一辉煌战绩不仅让所有 F1 的车手望冠兴叹,而且也为车王迈克尔·舒马赫本人以及充满传奇色彩的法拉利车队写下了 F1 历史上最辉煌灿烂的一页。2005 年度仍由迈克尔·舒马赫和鲁本斯·巴里切罗搭档参赛,车队和车手都取得了第 3 名的成绩。2006 赛季后舒马赫退役,并担任法拉利车队的超级顾问。车队后在马萨和莱科宁的带领下,于 2007～2008 年再次连续夺得年度车队世界冠军,而莱科宁在 2007 年也获得了年度个人世界冠军。

2.迈凯轮车队

迈凯轮车队(McLaren Mercedes)是由布鲁斯·迈凯轮于 1963 年创立的。首次参赛是在 1966 年的摩纳哥大奖赛上,由迈凯轮设计制造的 F1 赛车首次一展雄风。不幸的是,布鲁斯·迈凯轮在 1970 年 6 月 2 日的一次试车中意外身亡。塞纳是曾经在迈凯轮车队效力的最著名的车手,他在迈凯轮夺得了 3 个世界冠军。

图 7-11　迈凯轮车队赛车及车手

2005 赛季，随着蒙托亚的加盟，他与莱科宁的组合被认为是 F1 车队中最为强大的车手阵容，而 MP4-20 赛车在赛季开始时就证明是一辆速度很快的战车。这样迈凯轮车队拥有了仅次于法拉利车队的顶级阵容，并夺得车队冠军榜第二位。2008 赛季 F1 收官之战——巴西大奖赛落下帷幕，汉密尔顿凭借最后一圈超越格洛克，拿到分站赛第 5 位，从而在年度车手积分榜上以 1 分之差力压法拉利车手马萨，如愿以偿地首次登上年度个人总冠军的宝座，他也成为 F1 历史上最年轻的世界冠军。

五、F1 赛道

F1 大赛的准备工作由 FIA 安排。近年来，随着赛车运动的风靡，申请主办 Fl 大赛的国家越来越多。FIA 规定，F1 汽车赛必须在专用赛车场进行，对专用赛车场的长度和宽度、路面情况、安全措施等均有极为严格的要求。一般来说，专用赛车场为环形，每圈长 3～8 千米，比赛总长度为 300～320 千米。为安全起见，赛道两旁一般铺设宽阔的草地或沙地，以便将观众与赛道隔开。FIA 规定赛车场不允许有过多过长的直道，目的在于限制高速，以免发生危险。这些赛场地理环境迥然相异：有的建在高原上，那里空气稀薄，用以考验车手的身体素质；有的则是街道串成的赛场，路面相对狭窄曲折；有的赛车场显得路面宽阔，但有上下坡，考验车手的技术；还有的赛场建在树木葱郁的树林中，那里跑道起伏大，车手很难控制赛车。FIA 要求各赛场的救护人员必须分布在全场的每个角落，争取在出事后尽快跑进现场，进行抢救。

根据赛场的不同，F1 赛道可分街道赛道和场地赛道。F1 比赛每年用的 16～19 个赛道分布在不同的国家和地区。

1.英国银石赛道

银石赛道(Silver Stone)长 5.141 千米，比赛总长度 308.355 千米，比赛总圈数 60 圈，如图 7-12所示。位于英国中央地带的银石赛道是全世界汽车赛事最频繁的赛道之一，由英国赛车手俱乐部所拥有，是世界最著名的赛车场。每年都有上百场比赛在此举行，并在 1950 年成为第一场 F1 世界锦标赛的赛场。银石赛道对车手和赛车来说都极具挑战性，它拥有很长的直线道与高速的弯道，不仅测试赛车的性能，更是考验车手驾驶技术和胆识的极限度。在银石最成功的车手是已经退役的车手阿兰·普罗斯特(Alain Prost)，他一共获得过 5 次英国大奖赛的冠军。

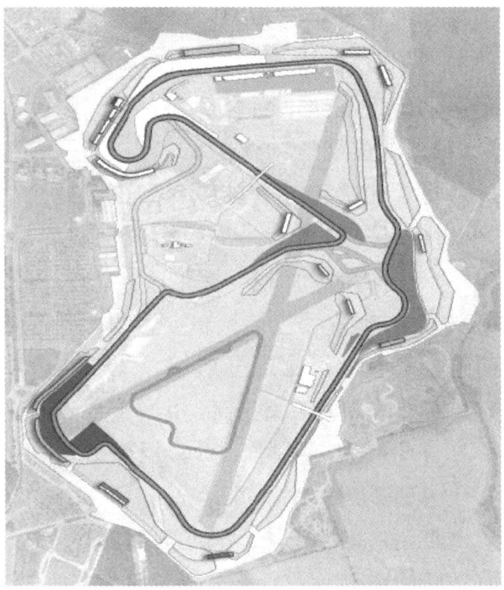

图 7-12 英国银石赛道

2.中国上海国际赛道

上海国际赛道长 5.451 千米，比赛总长度 305.066 千米，比赛总圈数 56 圈，如图 7-13 所示。上海国际赛道位于上海嘉定区安亭镇东北，距安亭镇中心约 7 千米，总面积约 5.3 平方千米。赛道 2002 年动工建设，并已成功举办了 2004～2010 年 F1 大奖赛中国站。

赛车场赛道由一级方程式赛道和其他类型赛道组成，整体造型犹如一个翩翩起舞的

图 7-13　中国上海国际赛道

"上"字。它既有利于大马力引擎发挥的高速赛道,又有极具挑战性、充分体现车手技术的弯道。除了部分与 F1 赛事共用外,还可以举办各类不同的赛事。赛车场设计看台规模约 20 万人,其中带顶篷的固定看台约有 5 万个座位,其余为坡型露天看台。

赛车场的交通十分便捷,现东有沪嘉高速公路和规划建设中的嘉金高速公路,西接嘉黄公路,南连宝安公路及沪宁高速公路,北有规划与赛车场同期建成的郊区环线高速公路。赛车场距虹桥国际机场约 25 千米,距浦东国际机场约 55 千米。举办大赛期间,通过上述交通网络即可将赛车场与上海市中心、江苏省及浙江省相连,进而辐射到整个长江三角洲乃至全国。

六、F1 比赛规则

FIA 有着庞大而专业的规则体系,范围涉及各种赛车运动,大到赛事的组织,小到油料成分的检测。为增加比赛难度和提高比赛水平,每一个赛季的比赛规则都会有一定的变化。

与 F1 赛车运动有直接关系的规则有两个:一级方程式运动规则和一级方程式技术规则。运动规则对赛事组织、比赛过程、记分方法、评奖和处罚等进行了规定。技术规则规范了赛车的技术状态和测试标准。此外,F1 比赛还应遵守 FIA 的国际运动规范,这是赛车运动的通用规则,它对比赛术语和一般性程序和原则进行了解释和规定。以上规则会随着赛车运动的发展而不断修订和补充。

1. F1 赛程

每场比赛均分为排位赛和决赛两个过程。

排位赛:排位赛是决定正式大奖赛的出发时的排位顺序。在正式比赛的前一天,在指定的 1 个小时中,每个车队的车手要在赛道上竞速,以单圈的最快成绩来排顺序,决定次日的出发排位顺序。这是十分科学的。排位赛持续 1 小时,每辆车最多允许跑 12 圈,赛车手在期间尽量跑出单圈最好成绩。

赛车在赛道上的排位相当重要,排在前面的将有抢先拐第一个弯的优势。通常在排位赛时有 28～30 辆赛车参加,但最后只取前 26 辆参加决赛。

决赛:决赛当天,车手先有 23 圈的自由练习,用以检查车子各部位的工作情况。决赛前半小时,各部赛车进入排定的起跑位置。赛前 5 分钟,开始倒计数,当剩下最后 1 分钟时,发动机开始起动,绿旗一挥赛车便起步,进行最后一圈热身赛,但中途不准超车,也不准更换赛车。待大家一圈跑完后仍按原顺序排好,静待即将开始的大决战。几秒钟后,绿灯一亮,决赛正式开始,赛车似脱缰的野马,尽全力向前冲去。

为安全起见,每辆赛车的尾部必须安装一只红色信号灯,而且在整个比赛过程中一直开着。在赛程之中赛车可以更换轮胎,出了故障也可修理,但需占用比赛时间,所以车手发生故障时要用无线电话通知维修站事先做好准备。如果赛车因故障停下来了,将会被赛场工作人员推走，并失去比赛资格。

FIA 允许赛车在比赛期间加油。为了清洁赛场的大气环境，FIA 规定所有赛车只准使用无毒无铅汽油，以取代过去所使用的含铅高辛烷值汽油。

2.F1 比赛花色旗帜的含义

在精彩刺激的 F1 比赛中，红、黄、白、黑、蓝各色旗帜飘舞在赛场上，担当信息传递的工具。车手和裁判之间的信息通过不同颜色的旗帜来表达和传递。五颜六色的旗帜表达的具体含义如下：

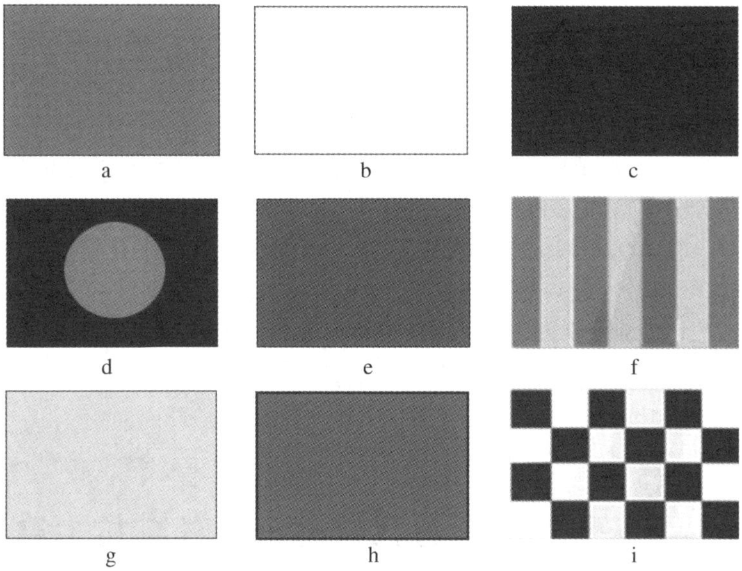

a. 红旗；b. 白旗；c. 黑旗；d. 黑底红圈旗；e. 蓝旗；f. 红黄条纹旗；g. 黄旗；h. 绿旗；i. 黑白相间旗

图 7-14　F1 比赛花色旗帜

红旗：表示比赛开始或是赛段提前终止。当车手看到红旗出现，必须在完成当圈后进入修理站，等待命令看比赛是否要重新开始或终止。如图 7-14a 所示。

白旗：表示前方赛道有慢车，可能是救护车、吊车。当白旗出现时，车手必须小心，并且准备放慢速度。如图 7-14b 所示。

黑旗：表示被警告的车手在赛道上的行为不规范，必须在当圈完成之后马上回到维修站。黑旗将伴随着车号在起点和终点处出现，被警告车手将可能受到加时处罚，严重者要取消比赛资格。如图 7-14c 所示。

黑底红圈旗：此旗常伴随一个号码牌。警告该车手赛车有机械故障(有时车手不知情)，可能会造成危险，车手必须在当圈完成后立刻进入修理站。这面旗将会伴随车号在起点和终点处出现，除非将车辆修复，否则被警告车手将不得回到场上。如图 7-14d 所示。

蓝旗：表示后方有较快的车辆接近，并且准备超越。假如看到是摇动的蓝旗，前方的车手必须让路给后方较快车手超越。假如不理会蓝旗的警告达三次，不让路的车手将会被判以进站罚停 10 秒的处分。蓝旗在修理站出口摆动，告诉自修理站回到跑道的车手，车接近出口处，小心驶出。如图 7-14e 所示。

红黄条纹旗：表示前方赛道表面滑溜，路上可能有油，当这面旗出现时，车手必须小心通过。如图 7-14f 所示。

黄旗：是 F1 比赛中经常出现的旗帜，意为赛道外有事故或危险。黄旗摆动时，告诫车手赛道上有事故或危险应放慢速度，禁止超车，小心行驶。若是车手遇到黄旗摆动时，有意超车，将立即被判黑旗。如图 7-14g 所示。（双黄旗：双黄旗摆动时，除告诫车手前方赛道有事故或危险外，还意味着赛道因事故被部分或全部阻挡。双黄旗摆动时，通常会伴有安全车或红旗出现。）

绿旗：绿旗出现时，表示黄旗摆动时存在的潜在危险已解除，车手可以恢复正常速度或重归赛道。如图 7-14h 所示。

黑白相间旗：挥动的方格旗表示比赛或赛段终结，这面旗一挥，车手必须随即返回维修区，并且进入围场。这面旗将对冠军车手挥舞，对其他通过终点的车手固定不动。如图 7-14i 所示。

3.F1 成绩计算

F1 大奖赛的积分制度是评定年度车队和车手冠军的重要依据，同时也是排列年度名次的首要方法。它分为车队积分和车手积分两种。

具体的积分计算方法是根据车手在每站比赛结束后的名次来评定，取最后成绩的前八名车手，他们从高到低依次获得的积分是 10、8、6、5、4、3、2、1，车队的积分则由其旗下的两名车手相加得到。按此原则，车手的年度积分是每站获得的积分相加，车队同样如此。

到大奖赛结束，积分成绩最高的车手就是年度车手冠军，而积分成绩最高的车队则是年度车队冠军，或者叫制造商冠军。

任务四　自我挑战——汽车拉力赛

一、概述

“拉力赛”一词取自英文“Rally”，有“集结”的意思。拉力赛要求参赛车辆必须严格按照比赛规定的行驶路线，在规定的时间内，到达每一个封闭路段或维修区域等地点进行规定的比赛和规定时间的维修等。由于比赛不仅考验车手的水平，还要考验领航员的配合能力、车辆性能以及维修的力量，因此，无论对于选手还是车队都是一项无比复杂的综合性考验。拉力赛的赛段为各种临时封闭后的普通道路，包括山区和丘陵的盘山公路、泥泞路、冰雪路等，也有无法封闭的沙漠、草原等地段。

拉力赛采取间隔发车的形式，世界一级种子选手发车间隔为 1 分钟，其他选手为 2 分钟。参赛车辆均为各大汽车公司生产的原型车，但必须经过不同程度的改装方可参赛。无限制改装的称为 A 组赛车，除了保留外形和原厂标志以外，几乎所有的部件都可以改装。有限制改装的称为 N 组赛车，只允许进行安全改装和有限的性能改装，发动机内部必须持有原车的标准。

国际上著名的拉力赛有世界拉力锦标赛、欧洲拉力锦标赛、亚洲拉力锦标赛、非洲拉力锦标赛、格拉纳达—达喀尔拉力赛等。

二、世界拉力锦标赛

世界拉力锦标赛全年赛程规划有14～16个站，分别在14～16个不同的国家举行，分为两赛季，在上半年赛季结束之后，经过约一个月的休息再进行下半年赛季。世界拉力锦标赛可说是所有赛车项目最严苛、也最接近真实的一种比赛。

图7-15

"WRC"是"世界越野拉力锦标赛"的英文缩写，WRC是由FIA批准的世界越野拉力锦标赛，是仅次于F1赛车的世界顶级赛车运动，因此也被认为是拉力赛中的F1比赛。参加WRC的赛车都是以制作精良的顶级世界越野拉力赛车为主，除此之外还有很多私人车队同时参赛，通常每一站的参赛车辆约70～100辆，全球约有超过10亿人次通过电视转播或其他媒体观赏这项世界顶级的汽车越野拉力赛事。同时WRC还以它"不要门票的比赛"或者叫"家门口的比赛"而闻名，因为WRC的赛道多是利用乡村、野外的砂石、沙漠等设计而成，比赛时赛车会在村庄中穿行，而观众就站在赛道两侧的安全区域观战（如图7-15所示）。

三、格拉纳达—达喀尔拉力赛

图7-16 达喀尔拉力赛

格拉纳达—达喀尔拉力赛是单项赛事中距离最长的汽车赛，创办于1979年。该比赛每年1月从西班牙南部的格拉纳达出发，穿越非洲5个国家，行程达10 109千米，最终到达塞内加尔的达喀尔。与WRC不同的是，该比赛为多车种的比赛，共分为摩托车组、小型汽车组以及卡车组，赛车号码依次以1、2、3开头，如"105"表示摩托车组的第5号赛车。比赛路段分布在宽阔甚至漫无边际的撒哈拉沙漠、毛里塔尼亚沙漠以及热带草原，与WRC相比，基本上没有现成的道路。车手和领航员除了依靠组委会的路线图以外，还要借助指南针和全球定位系统才能到达和通过每一个集结点。比赛采取间隔发车的方法，但是比赛赛段只有十几个，每个赛段都十分漫长。

达喀尔拉力赛（图7-16）的过程异常艰辛，赛车手白天要经受40摄氏度的高温，晚上又要在零下的低温中度过。而且，除了通常的赛车故障以外，一旦迷失方向，就要面临断油、断粮甚至放弃赛车的局面。因此，这是一场人与自然真正较量的比赛。

任务五　疲惫的舞者——勒芒24小时耐力赛

耐力赛也称GT赛，是汽车场地比赛的一种，是长时间耐久性汽车比赛。比赛车辆分旅行车和运动原型车两类，并根据发动机的工作容积分为若干级别。较著名的比赛有法国勒芒24小时耐力赛（图7-17）、日本铃鹿8小时耐力赛。

图 7-17　法国勒芒 24 小时耐力赛

勒芒(Le Mans)位于法国巴黎西南约 200 千米处，是一个人口约 20 万的小城。这个小城能够闻名于世主要是因为自 1923 年开始，每年 6 月份都要在这里举行 24 小时世界汽车耐力锦标赛。比赛一般从第一天下午的 4 点开始，一直持续到次日的下午 4 点，历时 24 小时。勒芒大赛是世界上最负盛名的汽车耐力赛。它的环形跑道全长 13.5 千米，其中绝大部分是封闭的公用高速公路，赛车在其 2/3 的路段上速度达到每小时 370 千米左右。在 24 小时的比赛中每部赛车由 3 名车手分别驾驶，采用换人不换车的方法，每人连续驾驶时间不超过 4 小时，所有的加油、换胎和维修时间都包括在 24 小时以内，最后，行驶里程最多的赛车获胜。一般一昼夜下来，成绩最好的赛车行驶里程将近 5 000 千米。

由于勒芒耐力赛是全球各种耐力赛中时间最长的比赛，而且选手驾车在同一环形赛道上要不停地转上 300 多圈，比赛显得单调、乏味。不论车手、维修人员还是观众，在下半夜的时候都会显得疲惫不堪。大多数观众是带着宿营车或帐篷前来观战的，赛场旁的 30 个大型停车场每次比赛都停满了近 10 万辆汽车。赛场周围还有设施齐备的餐饮、娱乐和休闲场所以及销售仿制的各大车队服装、帽子的铺位，让车迷们在这里如同过节一样。观众可以在餐厅里一边吃着可口的食物，一边观看窗外时速达到 300 千米以上的赛车飞驰而过，这也是赛车界里独一无二的风景。

任务六　王者之风——场地越野赛

“场地越野赛”(图 7-18)，就是指在规定的封闭的场地内仿效大自然的各种越野路况设计若干个障碍，赛车要克服所有障碍到达终点的越野竞速比赛。

图 7-18　场地越野赛

场地越野赛通用规则大致是：用最短时间跑完规定圈数的为第一名。由于它的比赛场地集中，比赛场面更为精彩，而且同场竞技更能考验车手的驾驶技巧和心理素质。赛车中有 1 名驾驶员和 1 名副驾驶员，副驾驶员通常负责陷车自救。场地越野赛因竞争激烈、速度快而带来的强观赏性吸引了无数车迷的眼球，同时它也是长距离赛事的准备和选拔赛。场地越野赛也是汽车比赛中最富观赏性的赛事之一。

场地越野赛的赛道很特别，有精心设计出的各种高难度路况。赛道全程分设十几处障碍点，包括泥浆路、V 形弯道、烂路、U 形坑、深水坑、单边桥、S 形沙坑、侧沙、连续高坡、鱼鳞路、双边桥、连续弯路、碎石路、浅水坑、Z 木、连续坑位、飞越平台、炮弹坑、峡谷。

V 形弯道：经过这里赛车的轮胎会在高速转动中与木桩擦出呛人的蓝烟和刺眼的火花，足见这个障碍的凶险。在双边桥和单边桥上，汽车一旦掉下去，就不得不被吊车“叼”出来。

深水坑：就是一个大泥塘，它对于车辆的防水性有很高的要求，如果车队赛前准备不够充足，比赛时会因淤泥的纠缠而陷入其中。

Z 木地形：过 Z 木时，一前一后都有阻力，需要借助弹力技巧性地通过。

驼峰：过此处车速需要控制得当，太快就会飞出去，太慢车子过不去，这里十分考验车手的技术以及车子的灵敏度。因此要成功突破这些难度极大的障碍，考验的是车手的心理素质、技术水平以及赛车的性能。

任务七 F1 方程式赛车的“摇篮”——卡丁车

卡丁车(Karting)运动最早起源于东欧，20 世纪 50 年代末 60 年代初在欧美大陆逐渐普及并迅速推广。卡丁车赛(图 7-19)是汽车场地比赛项目的一种，按“国际卡丁车运动规则”的规定，卡丁车按其使用发动机分为方程式卡丁车和国际 A、B、C、E 级等 5 个等级，并且可细分为 11 种类型的比赛。比赛中使用的卡丁车为四轮单座位微型赛车，使用轻钢管结构，操纵简单，无车体外壳，装配 100 毫升、125 毫升或 250 毫升排量的汽油发动机。卡丁车的重心低，在曲折的环形路线上行驶，比赛速度感强。

图 7-19 卡丁车赛

卡丁车是世界方程式赛车的最初级形式。由于许多著名的 F1 赛手都是从卡丁车起步的，因此卡丁车被视为 F1 的“摇篮”。

卡丁车的英文名称“Karting”是指“有车厢或无车厢的微型汽车，车轮独立持久地接触地面，后两轮驱动前两轮导向”。卡丁车是诸多赛车种类中的微型赛车，外形小巧，结构简单，是赛车运动中最低的起步运动，是进入 F1 方程式赛车的“摇篮”。在欧洲也称“迷你方程式”。

在最早的时候，卡丁车是一些父母设计出来供子女在后花园或大型停车场玩耍的玩具，最初是用剪草机改装而成，设备及发动机均非常简单。渐渐地卡丁车在性能及场地安全方面不断地改良及转型，再加上可供标准比赛用的场地纷纷落成，基于其入门技术及费用要求不是很高，所以迅速发展为一项老少皆宜的运动项目，世界各地大大小小国际性赛事应运而生。其中最具代表性的赛事是全欧洲卡丁车锦标赛和日本世界杯锦标赛。安全性方面，由于卡丁车的重心非常低，易于操控，所以，卡丁车可算是赛车运动中最安全的一种车型。

国际汽车联合会在 1962 年成立了世界卡丁车联合会。中国汽车运动联合会于 1995 年加入国际汽车联合会世界卡丁车联合会，完成了中国卡丁车运动与国际的接轨工作。为了推广、普及卡丁车运动，加强青少年的素质教育和培养我国赛车运动的后备人才，1998 年全国少工委和国家体育总局联合成立了“全国青少年卡丁车运动委员会”，作为在中国广大青少年中组织开展卡丁车运动的专门机构。1999 年，全国青少年卡丁车运动委员会与中国汽车运动联合会联合举行了“1999 全国少年卡丁车锦标赛”。

图 7-20 卡丁车赛手

开卡丁车是一项没有太大危险性、没有很高难度的运动，但是，要想真正开好卡丁车还真不是简简单单随便开几圈就可以学成出师的，它要求车手自身必须有良好、敏捷的反应能力，并进行不断的训练，只有这样，车手才能对小小的卡丁车形成很好的操控。

在准备实战上场之前，安全措施必须准备妥当，并要听从在场工作人员的指挥。在进行卡丁车实战练习的时候，不妨先选择一条直线的跑道，在跑道的两端和中间可以各放置一个路障。开车后，要尽量在这条直线上以控制油门收放的方式进行 180 度的转弯，以此来训练自身的反应速度。这里要着重强调的是，在卡丁车行进的过程中，必须采用的是以油门收放并搭配方向盘转向的形式来控制车辆达到转弯的目的，而不是用踩刹车的方式。于是，这就要求我们在过弯前就必须判断入弯的路线，只有清楚掌握接下来前进的路线，才能在弯道中尽可能地不使用刹车。因为轮胎在弯道中已经承受了侧向离心力，所以难免会影响到轮胎本身的抓地力，倘若在这个时候增加刹车的动作，就只会减少轮胎工作的最大限度。当然，也只有当我们学会了用控制油门和把握方向盘的方式来代替踩刹车进行转弯驾驶的技巧，我们的身体背部及臀部才可以体会到由后驱设计的卡丁车的底盘所传达上来的强烈路面感。通过这样的甩尾方式，并且适时反打方向借以修正车辆过弯时的路线与角度，可以训练车手的眼、脑、手、脚协同对转弯作出适当反应的能力，如果能够经常性地练习将可增加驾驶者的敏锐度，这对于在一般街道上驾驶房车的人（不论是新手或者是老手），也有着显著的功效。

【知识窗】

赛车技术在汽车中运用

F1 动力回收系统，简称 KERS 系统（图 7-21），将收集赛车在刹车时产生的热能来增进超车能力。安装了 KERS 系统的赛车，变速箱将协助承担一部分制动任务，变速箱内的 KERS 系统将制动时产生的部分能量储存起来，在赛车需要加速的时候作为辅助力释放出来，从而重复利用能量。

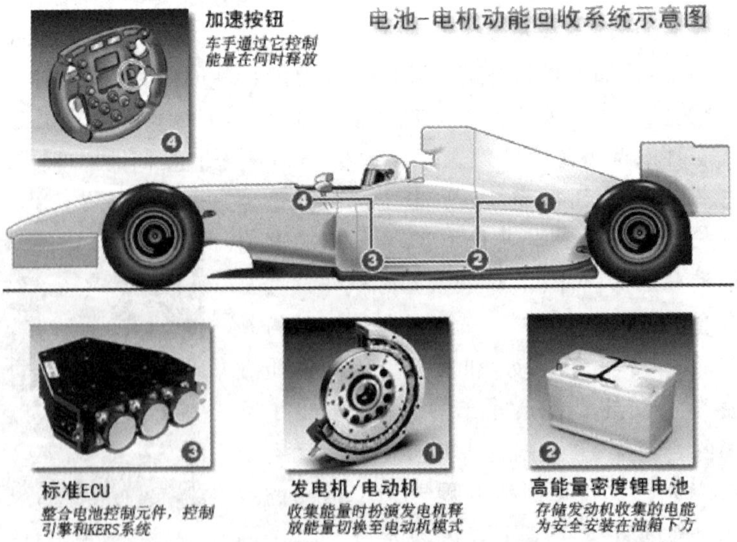

图 7-21　KERS 系统

KERS 系统由 3 个关键部分组成：电子马达、电池以及能量控制单元。3 个部分分别属于不同的技术范畴，但都需要针对 F1 赛车进行“量身定做”。

而在引入 KERS 的初期，当时 FIA 主席莫斯利就声称，KERS 系统在 F1 的使用，将会为该系统在民用车的使用作为一种实验，若在 F1 中取得成功，此系统将会引入民用车。在当年赛季中期，车队联盟就达成一致，第二年将不会使用这一系统。而就在宣布后不久，法拉利车队和迈凯轮车队就依靠着 KERS 系统的表现夺人眼球。

【项目小结】

1.1894 年 6 月 11 日，法国《小人物》杂志在巴黎举办了第一次赛车会，从巴黎出发经里昂又返回巴黎，赛程 126 千米，共有 102 辆车参赛，被公认为汽车运动的诞生日。

2.1904 年 6 月 10 日，由法国、英国、德国等欧洲国家发起，在巴黎成立了国际汽车联合会(Federation Internationale de I’Automobile，FIA)，简称国际汽联，总部设在巴黎。

3.赛车运动类别划分取决于诸多因素如：按照车型的不同、按照比赛的场地和路面不同、按照比赛的方式等。

4.F1 锦标赛是世界汽车场地赛项目中级别最高的，也是最引人注目的体育比赛项目之一，了解 F1 赛车、F1 车手、F1 车队、F1 赛道、F1 比赛规则。

5.汽车比赛还有汽车拉力赛、勒芒 24 小时耐力赛、越野场地赛、卡丁车赛等。

【想一想】

1.管辖汽车运动的国际组织的名称叫什么，缩写是什么，其主要职责是什么？

2.你还了解些什么样的汽车运动？

【练一练　记一记】

一、填空题

1.世界公认的第一场赛车运动是________年________月________日在法国巴黎举行。

2.中国汽车运动联合会简称 FASC，于________年在北京成立，并于________年加入国际汽车联合会。

二、判断题(对的画“√”，错的画“×”)

1.方程式汽车赛项目只有 F1。(　　)

2.黄旗表示前方赛道表面滑溜，路上可能有油，车手必须小心通过。(　　)

3.GT 赛也就是耐久赛的简称。(　　)

4.“拉力赛”一词取自英文“Rally”，有“集结”的意思。(　　)

三、选择题

1.一级方程式汽车大赛中国大奖赛是在(　　)赛道举行。

A.北京　　　B.上海　　　C.广州　　　D.重庆

2.红、黄、白、黑、蓝各色旗帜飘舞在精彩刺激的 F1 赛场上，车手和裁判之间的信息通过旗帜来表达和传递。(　　)表示赛道外有事故或危险。

A.红旗　　　B.黄旗　　　C.黑旗　　　D.蓝旗

3.世界上最早组织汽车比赛的国家是(　　)。

A.法国　　　B.英国　　　C.美国　　　D.中国

项目八 汽车艺术

【学习目标】

- 了解汽车的艺术人生和改装
- 了解汽车涂鸦和汽车 logo
- 掌握汽车改装的分类方法

任务一 汽车的艺术人生

图 8-1 汽车的艺术

一百多年前，卡尔·本茨制造了世界上第一辆汽车，随着汽车速度的不断提升，人们的生活节奏也被它越带越快，它让我们的生活发生了翻天覆地的改变。除此之外，汽车还在另一个层面影响着我们，这就是艺术领域。虽然外壳的金属光泽和发动机的轰鸣声让汽车显得死板生硬，缺乏美感，但是这部改变着我们生活的机器还是无意间闯入了文艺圈，掀起了一波波微澜。

就像美食和服装一样，汽车已经成为我们日常生活的必需品，当美食有了不同的文化，服装有了自己的潮流时，汽车是否也对我们的文化艺术产生了影响？实际上在很多方面汽车的确做到了这一点，这个产业制造出的文化衍生品已经钻进了我们生活的各个角落，它所创造的艺术价值是无法被忽略的。

1. 好莱坞宠儿

如果问谁是半个世纪以来好莱坞最受欢迎的“演员”，也许你会说罗伯特·德尼罗或者汤姆·汉克斯，抑或是伊丽莎白·泰勒，诚然，他们都有很高的艺术成就，但毕竟不是每部电影都会出现他们的身影。比起这些大腕来，有一位“演员”可谓兢兢业业，出入各大片场，扮演着不同的角色，虽然多数时候他都是配角，甚至时常被撞得七零八落，散架报废，但他们是每部电影中必不可少的一分子，他就是汽车。

如果评选一百余年来人类最伟大的发明，汽车和电影这对兄弟都很具竞争力，一个提升了我们的生活节奏，一个为我们高速的生活节奏降温，恐怕少了哪一个，世界都会失去很多色彩。之所以说它们是一对兄弟，是因为这两个产业的起步时间十分接近。

说到电影的开端，这个概念有点模糊，美国人认为是爱迪生，而法国人会告诉你是卢米埃，实际上这两种说法都有各自的依据，也没有对错之分，总之就是同一时期、不同地点的两个人做了一件很类似的事情。而这段时间正是汽车发明之后的十年时间内。

20世纪中期，当汽车和电影不约而同地在人们的生活中占据着越来越重要的地位时，它们之间的结合也就显得顺理成章了，而它们的代表就是美国——一个行走在公路上的国家，或者称之为电影王国。由于美国幅员辽阔，工业发展迅速，汽车在美国人的生活中就像纯净水一样无处不在又不可或缺，在好莱坞的电影中经常客串各角色，对于汽车来说也是司空见惯的事情。好莱坞影星威尔·史密斯曾说："惊险片中如果没有车战场景，上座率就不会很高，这几乎成为了惯例。"正如他所说，紧张刺激的汽车追逐场面不仅节奏飞快，场面惊心动魄，而且总会伴随着一阵阵的爆炸让人热血沸腾，同时又感到窒息，由此带来的感官刺激足以把大批观众吸引到影院里，而这些经典的追车场面也往往成为人们津津乐道的话题，就像他在电影《我和机器人》中的座驾——奥迪RSQ概念车，如今也已成为银幕上的经典形象。

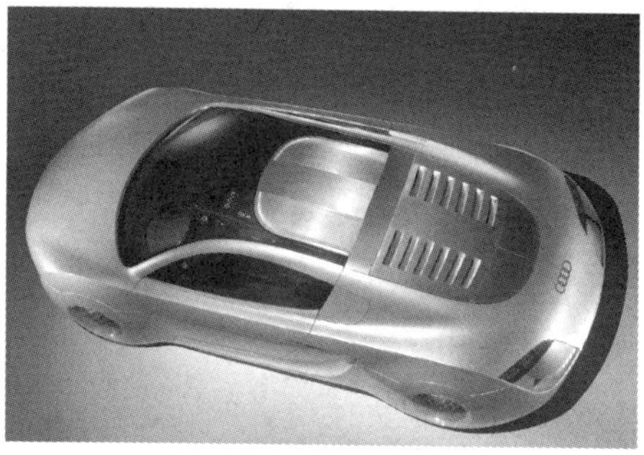

图8-2 奥迪RSQ概念车

试想那些经典的银幕英雄，如果没有身下那性能出众的座驾保驾护航，确实少了几分英武之姿，你总不能让邦德穿着西服骑着自行车去打击恶势力吧。

2. 路上的故事

说到汽车对电影的影响，紧张刺激的追车场面提升了电影，特别是惊悚片、动作片的观赏性，除此之外，汽车的出现更是为电影产业带来了一种新的类型片——公路片。

就好像德国人发明了汽车，而美国人却成为汽车占有量第一大国一样，公路片的创立者是德国电影四大导演之一的维姆·文德斯，但是把公路片发扬光大的却是好莱坞，这与美国的实际情况非常吻合。美国有两大特色，第一是国土辽阔，人口相对稀少，第二就是汽车保有量非常高，而美国的公路交通又十分发达，这就使美国人在出行时非常依赖汽车，无论是出门访友，还是假日郊游，都会有很多奇妙的故事发生在蜿蜒的公路上，而这正是公路片的灵感源泉。

图8-3 《末路狂花》剧照

图8-4 《杯酒人生》剧照

公路片通常指叙事发展是以一段旅程为背景的电影。电影的主人公在占电影绝对篇幅的公路旅行情节中，完成生命体验、思想变化、性格塑造，产生一系列的戏剧冲突，或者与别人、与自我心灵的交流，如《末路狂花》《逍遥骑士》《杯酒人生》都是不错的公路片。现在公路片已经发展成一种很成熟的电影类型。

典型的公路片产生在美国。美国号称是“装在汽车轮子上的国家”，美国人对汽车的感情就像中国人对自行车一样深厚。也许是因为电影来源于生活，那些蜿蜒的公路、星罗棋布的汽车旅馆和在公路上奔走的形形色色的人，自然而然地成为了美国电影演绎故事的舞台，而美国人对电影艺术的无限执着使他们能够很轻易地将这些故事演绎到银幕上，让观众和主人公一起完成一次次的心灵之旅。具体的时间点是在第二次世界大战后，美国出现了一种以汽车和公路为典型叙事元素的电影，其主人公的命运和情节的展开往往和公路息息相关。从埃德加·乌麦尔导演的《绕道》(1945 年)和约瑟夫·刘易斯的《嗜枪狂》(1949 年)，到 20 世纪 70 年代斯皮尔伯格的《决斗》以及波格丹诺夫的《纸月亮》，公路片逐渐成为一种独立于其他片种之外的新的电影类型。因为公路片的背景往往是那些乡间公路，而并非车水马龙的大都市，所以公路片诞生之初，多半是由当时好莱坞的青年导演执导，以反映青年人失落、孤独、愤懑和反叛的生活方式为主题，其主人公们多驾驶着各色汽车，怀着破碎的梦，疾驰在穷乡僻壤上。

进入 20 世纪 80 年代后，公路片逐渐杂糅了更多类型的元素，其结构模式也更为灵活多样，其中既有好莱坞的传统格局也有独辟蹊径的巧妙构思。影片《搭车人》把公路片引向了恐怖电影的世界；《末路狂花》则改变了男性主宰公路片的老规矩；《雨人》运用公路片的构架表现了人们相互沟通的过程；而凯文·科斯特纳和克林特·伊斯特伍德主演的《完美世界》则将公路片、伦理片、警匪片等诸多片种熔于一炉，适应了当代美国电影的新趋向——类型交汇。于是，有了修正型公路片一说。

公路片发展到今天已非好莱坞所独有，许多国家均拍摄了相当数量的公路片，比如赵本山主演的国产电影《落叶归根》，也是典型的公路片，虽然在这段旅程中涉及的交通工具很多，但仍以汽车为主，最重要的是演员和导演带领观众在公路上完成了一次心灵的洗礼，最终到达感动的彼岸。

3. 一路摇摆

除了对电影的影响，汽车业的发展也为音乐界吹来一阵清风。和对电影产业的作用一样，汽车不仅经常出现在各种音乐作品中，也为当代音乐带来了一种新的音乐类型。

图 8-5 老鹰乐队演唱加州旅店

汽车驶入音乐的最直接方式就是歌词，也难怪，汽车本就是我们日常生活中无处不在的交通工具，而歌曲也是在描绘生活，只是汽车的出现让这种描绘更加生动，更富于想象力。汽车在歌曲中最著名的一次出镜恐怕非那首脍炙人口的《加州旅店》莫属了，英文歌曲的 fans 用了以下词汇形容这首歌：空前绝后的超级、超超级、世界顶级、钻石级金曲，本世纪最著名的流行音乐作品。

这首歌可以说是老鹰乐队在最佳状态、最佳组合之下完成的一首旷世之作，这首《加州旅店》在1977年连续8周获得排行榜冠军的位置，乐队灵魂Don Henley是这样解说《加州旅店》的："我们是一群来自中西部中产阶层背景的年轻人，《加州旅馆》是我们对洛杉矶的上流社会的理解。它可看作是总是追求奢华生活的美国的一个象征，而不仅仅是关于加州和贝弗利山区。"注意，他用了"奢华"二字。这首歌曲中有一句歌词是："She got the Mercedes benzs。（她拥有一辆奔驰车）"Don Henley对这句话的解释是："这表现了一种拥有的满足感。"

可想而知，梅赛德斯-奔驰在当时人们心中的地位便一目了然，奢华和满足感，它是那个年代人们追求物质的体现。

4. **汽车奥斯卡**

看着各部大片中横冲直撞，又能潇洒疾驰的汽车们，人们会发出这样的疑问：汽车和电影，究竟谁成就了谁？汽车提升了电影观赏性，还是电影促进了汽车的销量？抑或是二者兼有？

借着一年一度的奥斯卡春风，我们也为汽车界的娱乐明星们作个评比，为它们杰出的银幕表现力喝彩。

①最佳影片：《变形金刚》

变形金刚是从1984年至今，美国孩之宝（Hasbro）公司与日本Takara公司合作开发的系列玩具和推出的系列动画片（影片）的总称。可以说变形金刚系列是汽车带给世界最强烈的文化冲击，它已经成为一个符号，二十多年来经久不衰，而且它的传奇仍在继续。

图8-6 《变形金刚》剧照

②最佳男主角：擎天柱《变形金刚》

作为最佳影片《变形金刚》的男一号，擎天柱的威名早已家喻户晓，尤其是它的领袖精神和硬汉形象（大型载重车）与美国人宣扬的英雄主义十分契合，它已经成为美国精神的代名词，作为汽车界唯一可以直立行走的男主角，它的当选毫无争议。

图8-7 《偷天换日》剧照

③最佳女主角：Mini Cooper《偷天换日》

汽车追逐战还能有怎样的新意？看看《偷天换日》你就知道了，红、白、蓝三辆Mini Cooper穿梭于地铁、河床，以及人行道上，像三位拉丁舞娘，奔放又充满魅惑，只是那骨子里的英伦血统流露出几分贵族气质，所以看到这段镜头时你会惊叹，原来偷东西也能玩得如此唯美。

图8-8 "007"经典座驾阿斯顿·马丁

④最佳男配角：阿斯顿·马丁"007"

它是邦德最好的朋友，1964年，阿斯顿·马丁与"007"首次在《金手指》中结缘，在此后近半个世纪的时间里，阿斯顿·马丁和"邦女郎""007"一起，成为"007系列"电影里不可磨灭的经典。如果邦德的身边少了这位最佳男配角，他的魅力也要打些折扣，配角的作用便在于此。

⑤最佳女配角：白敞篷跑车《末路狂花》

这是电影史上大获好评的一部女权主义影片，路易斯和塞尔玛，以及她们座下的那辆白

图 8-9 电影《末路狂花》剧照

色敞篷跑车在经历了公路上的种种遭遇和磨难后，最终驶向了她们命运的终点。一路上两位女主角遇到了形形色色的男人，而唯一忠诚的就是那辆白色敞篷跑车。

⑥最佳动画长片:《汽车总动员》

汽车拟人化，全篇故事的演员都是汽车，皮克斯的又一经典力作，奥斯卡奖得主，典型的美国式励志电影，除了精彩的故事，汽车主人公们的精彩表现也为该片增色不少。

图 8-10 电影《汽车总动员》剧照

⑦最佳动作指导:《浪人》

这部打着日本名的好莱坞影片，除了强大的演员阵容，最精彩的部分就是不依赖于任何数字特效的追车场景，这些场景包括汽车在盘山公路上的翻滚、爆炸以及在隧道中高速追逐和四车道逆行，这些艰巨的挑战足以让实力雄厚的幕后阵容望而却步，别忘了，这是1998年的电影，那时的打斗可都是真功夫。

⑧最佳特效:奥迪 RSQ《我和机器人》

这款前卫双门跑车充满科技感及跑车特质，从蝴蝶展翼概念衍生出于C柱上向后展开的车门造型，最酷的是它以球体滚动的设计取代传统的车轮移动方式，处处都让人感到惊奇，它既符合威尔·史密斯的潇洒气质，又充满了未来感，特效水平不言而喻。

图 8-11 电影《我和机器人》剧照

任务二 冲破色彩的界限——汽车涂鸦

汽车涂鸦作为一种能直接表达内心世界、展现生活态度的艺术形式，迅速成为玩车族的一种时尚。

汽车涂鸦以汽车为传播媒介，通过车体反映涂鸦者的观念。无论是类似“熊出没”“新手上路”等标语式的涂鸦，还是覆盖整车的大型喷绘，都越来越常见。在这种涂鸦中，画面与“画布”的结合更自然更有关联，很多闪光点都体现为车体本身和画面的互补。

图 8-12 搞怪车贴

如图 8-13，涂鸦主体是代表汽车性能强劲的鲨鱼，利用车前引擎盖作为鲨鱼跃出水面的场景，车前灯设计为鲨鱼露出牙齿的嘴。随着车灯明暗，涂鸦鲨鱼更显示出车的气势。再看看图 8-14，顺延着流线型车身而做的浪花涂鸦，立刻把汽车的速度感表现出来；运用波谱元素的涂鸦，则清晰地告诉大家车主是复古波谱的爱好者。

而图 8-15 中，两只可爱的米老鼠体现了车主的童趣，让原本单一的车体，展示出了汽车的多元文化。

图 8-13　鲨鱼造型涂鸦

图 8-14　浪花汽车涂鸦

图 8-15　卡通造型涂鸦

任务三　我行我车——汽车改装

随着中国成为世界第一大汽车市场，汽车改装也已经成为了各爱车人士津津乐道的话题。面对这个纷繁绚丽的改装世界，崇尚个性的你准备好了吗？

一提起汽车改装，众人的脑海中总是会浮现出那些外表夸张，在大街上吸引众多眼球的超酷改装车，这大概就是大众心目中的改装车吧。而事实上，汽车改装可以分为好几大块，一般街面上出现的超炫改装车在外观改装上都下足了功夫，让人一眼便知。而一些“只练内功”的改装车可不是那么轻易就能“挑”出来的。

针对目前众多车主对改装车的了解有限，我们就此做一下汽车改装知识的“普及”工作，与您一道走进精彩纷呈的汽车改装世界。

1. 细说汽车改装

简单来说，汽车改装可以划分为外观改装、内饰改装、动力改装、操控性改装与音响改装等。

一般的外观改装主要包括贴纸、车身彩绘、车标、前后杠、大包围、高尾翼、开孔发动机

图 8-16　加装了 HID 氙气大灯效果

盖、窗边晴雨挡、HID 氙气大灯、前大灯装饰板、前后透视镜、降低车身等。其中车身彩绘因为改变汽车外观效果显著而备受车友的喜爱。骷髅、死神、战狼等诡异的画面因为能给人较强的视觉冲击而常见于车身彩绘之中。汽车彩绘作为一项新兴的产业，其巨大的发展潜力吸引了众多画家投身其中。车友可以将自己喜欢的图片交予这些汽车彩绘师全权处理，一般情况下 7 天之内便能完成一幅彩绘作品。不过车管所对于车身彩绘的面积有着硬性的规定，想要给爱车换身的车友们尽量选择小面积的喷绘。

汽车内饰改装相对外观改装难度要大一些，如果车友对汽车经过了动力改装，一般都会选择安装桶式赛车座椅、赛车换挡杆头以及各式各样的仪表等，而如果只是为了美观，可以加装车内底灯，为汽车仪表灯加冷光效果等。一般而言，车友关注内饰改装的比较少。

动力改装可以分为三个阶段，即简单改装、中度改装以及深度改装。

图 8-17　改装后的比亚迪 F0 驾驶位效果

改装进气系统是简单改装的常见改法，如加装二次进气系统，可以将汽车的进气变得更加顺畅，从而提升汽车的动力。此外，车友们还会进行加装地线、改用专业的火花塞和火线等改装，笔者在此要提醒各位的是，加装地线时一定不要乱动原车路线。对动力改装有些要求但又不需要太澎湃的动力的车友一般会选择找专业的店家根据车身设计改装头蕉、中段、尾喉整套排气机构，这样的改装能达到动力改装的中度要求。

2. 汽车改装文化

汽车发展到今天，已经从最初的代步工具发展到文化范畴。对于许多渴望真正完美的朋友来说，不要说宝马、奔驰，即便法拉利也有这样那样的缺憾，所以每个购车者都希望能得到一辆完全量身定制、最能体现自己个性的车。现在车厂遍地都有，但要想从个人出发得到一款最符合自己意愿的汽车，似乎还有点差距，显然，平民老百姓根本不可能从车厂得到自己认为完美的车，所以达到完美的方法只有改装！

在国外，改装车由来已久，最初出现的改装车是为了更好地参加比赛，所以许多喜欢飙车的人对自己的座驾纷纷进行了发动机、排气管等多项设备的改装，为的是能在比赛中达到更高的速度，从而获得好成绩，这种改变原车的方法就是现代汽车改装的由来。几十年过去了，随着汽车工业的发展以及赛车运动的深入人心，汽车改装也成为普通车迷汽车生活中的组成部分，并渐渐成为一种时尚。现如今，改装车在全球范围内得到了广泛认可，特别是在年轻人中，颇有市场，驾驶一款改装后的车显得卓尔不群，在车流中总是能得到较高的回头率。

在我国，由于汽车历史比较短，人们对汽车改装并不熟悉，一般都以为不过是改变一下车的内在配置，或者对车的外形做一番调整，比如说皮卡加盖儿，面包车去掉最后一排座椅变成具有运载能力的小货车等。其实真正的汽车改装并不是调整一下车的配置或者改变车的外形，而是对车的核心部位做大的改动。

比如很多人想让自己的座驾变得可以同法拉利媲美，就需要对车的发动机系列做详细的改进。一般来说，大部分改装迷改装汽车的主要目的也就是为了提高汽车的动力，动力系统改装是汽车改装的重中之重。要提高汽车动力，就必须更换火咀、火咀线和海绵、省油加速器、水燃器、马力提升器、电子整流器以及排气管等。

此外，还有很多人想改进车的舒适性和安全性，这就需要对车的底盘进行改进，主要改装项目包括避震器、刹车钢喉、轮圈、前顶吧（顶吧：车辆前避震顶端拉杆）、后顶吧、前底架、后底架等。至于说其他的改进方法则因人而异，有人想提高座驾的音响效果，有人想在车内装一部 DVD，甚至还有人想在车上装 GPS 定位系统，所有这些不过是人们个性化的体现，在倡导个人主义的今天，种类繁多的改装车层出不穷，成为大街小巷中流动的风景。

图 8-18　改装汽车中控台

对车的不满意是导致汽车改装盛行的主要原因，特别是在一些个性化和时尚化方面，年轻的朋友对车的挑剔程度非常高。由于自己的想法无法变成现实，所以年轻人总是迷恋汽车改装，后者的个性十足，能充分体现出年轻人活力四射、激情狂放的特点。

这或许是所有喜欢汽车改装的朋友的共同感受，只想找到一款最让自己满意的汽车，哪怕自己动手也不在乎，只要自己喜欢，一切都无所谓。

目前中国汽车改装业较为发达的地区有上海、深圳、北京、广州、昆明等地。在改装相当火爆的城市如上海，改装已形成了一个千万元大市场，而在成都，改装也正被人们接受并走上正轨。在改装势头更为猛烈的广东，不仅有着良好的改装市场需求，而且在珠三角的东莞、中山等地，已经开始形成了颇具规模的改装用品市场。

2002 年我国汽车改装行业产值为 5 亿元，2008 年 10 月已经上升到 25 亿元，汽车改装成行业新增长点。2007 年我国汽车改装市场拥有 13 亿～15 亿元的容量，而到 2015 年，将达到 140 亿元。随着中国汽车市场的进一步成熟，更专业的、以汽车生产厂商强大支持为基础的汽车改装市场会很快出现。中国的汽车生产厂商决不会放弃这么庞大的一个市场。中国汽车改装业将呈现巨大增长，并会成为汽车产业链的重要组成部分。随着中国政府政策的不断放宽，消费者个人收入的增加，以及对个性化改装的需求，中国汽车改装市场在今后 5 年内将成倍数扩大。虽然前景看好，但汽车改装却还是一个亟待规范的市场。尽管我国的汽车改装行业还存在着许多的困难与阻力，但随着客户需求的增加和多样化，改装车市场也将越分越细，相关的政策法规也将陆续出台，真正的汽车改装在规范的市场体制下，将踏上其理性回归之路。

图 8-19　汽车改装厂

3. 汽车改装禁忌

总有一些车主喜欢盲目地对自己的爱车“动手动脚”，以为能够提升车辆的性能，殊不知这样会给车辆及自身带来莫大的危害，以下 18 条就是最应该避免的。

➢ 改大排气

降低了排气回压，扭矩会下降，发动机排气门将容易因为超高温度而被烧毁。

➢ 装蘑菇头

降低了入气惯性，扭矩会下降，油耗升高，低速无力。

➢ 改装音响，加低音炮

低音炮夸张的音量会不知不觉中损害车主听觉，大功率音响经常使得电路超负荷工作，容易烧毁开关，引起火灾。

➢ 加汽油、润滑油添加剂

汽油油路清洁剂会溶解汽油滤清器里的杂质直接导致堵塞喷油嘴，机油添加剂只适用于中度烧机油的老车，任何新车加进去都会导致发热和剧烈磨损。

➢ 加装多点粗地线

导致高压线路不正常，缩短火花塞寿命，有时电脑会混乱，油耗增加。

➢ 车内香水

几乎全部是化学香精，有毒，对内饰塑料有脆化腐蚀作用，久了会莫名其妙爆裂，对身体健康危害很大。卡在空调出风口的香水瓶还经常卡断出风口导风片。

➢ 车内门板等隔音

隔音只能是车辆生产过程中才能完成的事，不能再乱动。而且消音原理复杂，不是贴了就有效果，这是个声学均衡抵消的问题。往往是你隔了门板就会听出发动机声更明显，隔了发动机声又会导致车内异响听起来更杂乱。

➢ 底盘封塑

99%的原车都有这道工艺，而且都足够厚。再乱喷上去只会封了底盘下不该封的地方，后果只有等以后维修才能发现。

➢ 改大灯

加大灯泡功率会直接超过原设计的耐温值，不几天就会熔化烧毁灯碗反光层，灯光越来越暗淡，结果就是灯碗彻底报销。现在的大灯透明罩都是合成材料，超过温度就会变黄，并慢慢产生一条条的小裂纹，灯泡电流大了更会慢慢烧掉大灯开关线路，引起火灾。

➢ 玻璃水

会硬化雨刷橡胶，还会在玻璃上镀上一层膜，失效之后会留下一片片的不均匀纹路、斑块。

➢ 后窗玻璃贴太阳膜

后窗玻璃上面都印有薄膜电路，一旦贴膜就永远不能撕开，当太阳膜失效需要更换，一撕就会把薄膜电路撕开，整块后窗玻璃几乎报废。

➢ 大包围

超级跑车的离地间隙很小，只有在超级公路上才能行驶，大多数非原厂大包围，土得掉渣、不伦不类不说，先弄断你几个昂贵还找不到配件的零件，才装得上去，以后天天要当心什么时候会掉下来，遇到碰撞，这类非原厂的护件会对你的生命安全产生极大的危害。

➢ 碳纤维发动机盖

这是最可怕的改装，原厂的盖碰撞的时候可以阶段变形弯曲起来，而改装件会直接插进玻璃切向你的身体。

➢ 换赛车方向盘

没了安全气囊，要是还懒得绑安全带，每小时 40 千米的碰撞就可能会让你后悔一生。

➢ 换电脑芯片

一般只是解除了电子限速保护，只是功率提升，绝不是使得扭力也得到提高，0～140 千米的提速依然一样，毫无区别，要看出区别得在 230 千米以后。

➢ 电子提速油门

发动机的润滑系统供油是需要时间的，当转速提升超过润滑机油供油速度，操纵舒服几次后你就得准备去把发动机舱拆干净大修。

➢ 换白金火花塞

任何新的火花塞新装上去动力肯定有改善，不管是昂贵的白金还是几块钱一个的，这个原因是没被污染的新火花塞的绝缘性能良好，用一段时间后，效率也都会下降，性价比不高。

➢ 粘贴防撞块

这个没什么好说的，一粘上去就等于你的爱车四个角都被撞了，粘得不紧或自动掉下来的时候，你会看到四个角的漆层被粘贴的强力胶水腐蚀脱落变色。

任务四　别样艺术——我的汽车 logo

汽车 logo 是汽车标志的特定形式，它可以反映汽车的特性，体现汽车的价值等。但单一的汽车标志让人们失去了耐心，拥有一个属于自己的独一无二的 logo 成为每一个人的梦想，于是一个个汽车发烧友进行了极具野性和独具创造性的 logo 改装盛宴。

图 8-20　力帆汽车标志

这个标志是不是让你似曾相识，却也倍感陌生？

对了，世界上最具盛名的小车之一——MINI 的标志，不就是这个样子吗？但中间可不是这样的。前几年，国产山寨车大为盛行，这个标志正是最佳明星脸奖获得者——力帆汽车的，该公司旗下的力帆 320，让众多 MINI 迷们，轻松善意地恶搞了一把。看看下面这两个图标，是否会让你开怀一笑？

图 8-21　奇瑞瑞麒标志

图 8-22　宝马 MINI 标志

不仅如此，为了争取更多的眼球，一些大公司也不惜放下脸面，利用相似的图标，以求取得更多的关注。

图 8-23　长安金牛星标志

图 8-24　兰博基尼标志

这两个 logo 是不是也有异曲同工之妙呀？图 8-23 为长安汽车为微型汽车打造的新车标，而图 8-24 是世界上最出名的超级跑车兰博基尼的标志，虽然两者的市场定位完全不一样，但醉翁之意，观者自有评价。

其实这样的模仿秀在 logo 的演化过程中，从没有停止过，每一个爱车的人，都希望自己拥有一部能让所有人瞩目的名车，logo，正是能让人一眼认出你来的聚光灯，一个好的汽车 logo，表达出来的不仅仅是一件艺术作品，更多的是汽车生产者的一种理念和追求。

其实我们也可以拿起手中的笔，用心灵的眼睛，去描绘出汽车世界里最伟大的作品，就好像梅赛德斯－奔驰一样，简单地几笔，却书写出了汽车界百年不变的经典传奇。

这一时刻开始，你的 logo 你做主！

任务五　车模——让汽车不再孤独

在很多汽车展览上，让人们大饱眼福的不仅有琳琅满目的汽车，还有青春靓丽的车模。俗话说得好，香车配美女，这是为什么呢？

原因：模特能够充分体现所展示产品的性能、品质等特点。

厂家为提高展位人气，使更多人关注产品，也就是制造群体效应，便纷纷求车模助阵。车模，是一种贴近时代的符号。有了美女，汽车从此不再单调。

图 8-25　车与车模

图 8-26　车与车模

图 8-27 车与车模

【知识窗】

在对汽车进行装饰美容或改装前，要先了解相关法规，以免陷入误区，否则不仅验车时过不了关，还会造成安全隐患，甚至受到法律的制裁。

1. 新的《道路交通安全法》明确规定，任何单位或者个人不得拼装机动车或者擅自改变机动车已登记的结构、构造或者特征。车辆的结构包括车身颜色、长、宽、高四个硬性的标准和发动机的相关技术参数。

2. 已领牌照的汽车进行改装前，应向车管所登记申报，其改装技术报告经车管所审查同意后，方可进行改装。改装完毕，还要到车管所办理改装变更手续。

3. 车辆改装是否合法，关键是看车辆与行驶证上的照片是否相符，与车辆出厂技术参数是否相符，不符合的，就不能通过年检。

【项目小结】

1. 1886 年的 1 月 29 日，德国工程师卡尔·本茨为其机动车申请了专利。同年 10 月，卡尔·本茨的三轮机动车获得了德国专利权（专利号：37435a），这就是公认的世界上第一辆汽车。

2. 汽车涂鸦作为一种能直接表达内心世界、展现生活态度的艺术形式，迅速成为玩车族的一种时尚。

3. 汽车改装可以划分为外观改装、内饰改装、动力改装、操控性改装与音响改装。

4. 汽车 logo 是汽车标志的特定形式，它可以反映汽车的特性，体现汽车的价值等。

【想一想】

1. 汽车涂鸦和烤漆的区别在哪里？

2. 根据所学知识，假设你现在拥有一辆汽车，你会对它进行怎样的改装？

3. 动力改装可以分为哪几个阶段？

4. 汽车改装不能轻易触及哪些？

5. 为什么汽车展览上的汽车要配车模？

6. 课后收集一种自己喜欢的汽车 logo，并说明它的含义？

【练一练　记一记】

1. 卡尔·本茨的三轮机动车获得了德意志专利权(专利号:37435a)是在(　　)年(　　)月。

2. 简单地说,汽车改装可以分为(　　)、(　　)、(　　)、(　　)和(　　)。

项目九 汽车广告

【学习目标】

➢ 了解汽车广告的特点
➢ 掌握分析汽车平面广告及影视广告
➢ 了解汽车广告的音乐

图 9-1　福特汽车广告海报

图 9-2　奇瑞汽车广告海报

图 9-3 《汽车族》杂志封面

图 9-4 《汽车生活》汽车杂志封面

任务一　汽车广告的特点

一、汽车广告的含义

汽车广告必须以说服消费者购买所宣传的汽车或享用所宣传的服务为最终目的。汽车广告实质上是一种以推销商品、获得盈利为最终目标的商业行为，即汽车企业用以对目标消费者和公众进行说服性宣传的工具。

二、汽车广告的特点

汽车广告向目标消费者展示了汽车的性质、质量、功用、优点，进而打动和说服消费者，影响和改变消费者的观念和行为，最后达到使汽车企业广告的商品被推销出去的目的。汽车广告与一般的促销活动不一样，促销是卖主直接向买主展示商品，与消费者发生面对面的交流，而汽车广告则是通过媒体向消费者做说服工作。汽车广告提供的所有信息，对公众来说应该是有价值的，如图 9-5 即能起到传播信息、引导消费、满足汽车消费者需求的作用。

图 9-5　汽车广告

并且汽车广告是一种沟通过程，就是在汽车的信息发出者与接收者之间进行信息传递与思想交流，以求达到某种共识，因此汽车广告是一种双向沟通，将汽车的信息通过大众媒体传递给目标消费者，以求说服、诱导消费者购买汽车商品。只有当目标消费者认为汽车广告信息是真实可信的，并同意汽车广告所传递的观点时，汽车广告信息才能发挥作用，从而实现汽车广告沟通过程。然而，影响人的态度与行为是一项极其复杂、艰巨的任务，要完成这一任务，不仅要使目标消费者能够接收到广告信息，还必须采取一定的说服手段，使目标消费者能够接受汽车广告所传达的汽车信息，最终购买汽车广告中所宣传的汽车。

任务二 汽车平面广告

一、汽车平面广告

汽车广告的立足点是汽车企业，做广告是汽车企业向广大消费者宣传其产品用途、产品质量，展示汽车企业形象的商业手段。汽车企业靠广告推销产品，消费者靠广告指导自己的购买行为。不论是传统媒介，还是网络传播，带给人们的广告信息为人们提供了非常方便的购物指南。汽车广告也拥有很多种形式，通常以海报、报纸、杂志等媒体进行传播的被称之为汽车平面广告，它是指以长、宽两维形态传达各种汽车视觉信息的广告。

图 9-6 沃尔沃广告画面

二、汽车平面广告欣赏

平面广告因为传达信息简洁明了，不仅能瞬间扣住人心，吸引消费者的眼球，还能够准确传达出企业文化及汽车外观、性能等信息。

图 9-6 是有关沃尔沃的一幅磅礴的平面广告，画面中是沃尔沃一款动力强劲的越野车，能行驶进如此崎岖的山谷中，已经从侧面展现出了此款车的卓越性能。在山间激流的冲刷下，汽车从里到外散发着迷人的气质，冲刷后的沃尔沃更加崭新亮丽，也象征着沃尔沃的车型永远都在创新进取，在特殊的环境下，诞生特殊的汽车。同时沃尔沃能带给人不同的震撼，让人享受激情不断的生活。

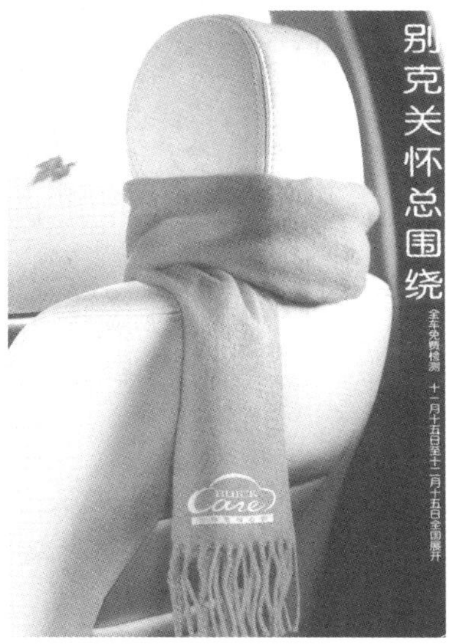

图 9-7 别克广告画面

如图 9-7，广告将汽车座位设想成人，用围巾来比喻别克的人性化关怀。寓意有了别克，您的汽车生活将更加舒心。别克汽车在广告中传递的就是一种温情，一种人性化的贴心服务。在寒冷的深冬季节，别克的温暖围绕着您，让您觉得舒心。广告的主色选择的是黄色，典型的暖色调让浏览者看到的同时也感觉到了丝丝的暖意。一片红红的落叶恰到好处的点明了季节。别克所要传达的以人为本的别克精神，很直接地温暖了消费者的内心。

如图 9-8，广告中呈现的画面是一个普普通通的灯泡，但灯泡里的灯丝却是奔驰的车标。这盏明灯所要表达的寓意是奔驰所散发的魅力是任何东西无法阻挡的，奔驰要做的就是汽车行业里的佼佼者。表明奔驰就是最大的亮点，是一个受人瞩目的焦点。

Jeep 的广告就是在洁白的背景上放了一把汽车钥匙，如图 9-9，这把钥匙将通常弯弯曲曲不规则的插槽变成了崎岖巍峨的山峰。毫无疑问，寓意着 Jeep 汽车具备翻越高峰的品质，只要驾驶一辆 Jeep 汽车，就不用为突兀的山路而发愁。广告简洁却直入人心，将 Jeep 强悍的越野性能很直接地传达给消费者，一目了然，过目不忘。

图 9-8　奔驰广告画面

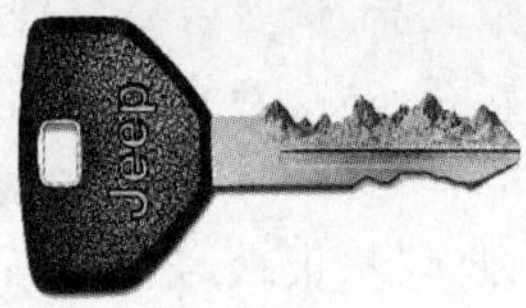

图 9-9　吉普广告画面

雷诺这则广告展现的是一双手与雷诺的方向盘，如图 9-10，方向盘很小像玩具 PSP，双手握着方向盘驾驶就像是在玩游戏机一样，让你的驾驶充满乐趣。这则广告告诉了消费者，不用担心操作的难度，驾驶雷诺会让你像玩游戏一样，让你的驾驶生活充满无限的乐趣。雷诺想传递的是：拥有了我，你就拥有了无限的乐趣。

如图 9-11，这则广告描绘的是三个人在沙滩上玩耍的情景，每个人脸上洋溢的都是温馨、快乐、享受的表情，但这个沙滩却是大众汽车的内部空间。显然，它想告诉我们的是，拥有了大众汽车，那你就拥有了阳光、沙滩的温柔舒适的感觉，你不用再担心车子的内部空间太狭小，也不用担心车子里的舒适度不够，它的舒适度及内部空间足以让你拥有整个沙滩上的感受，让你其乐无穷。大众传递给人们的是：拥有了大众，你就拥有了自己的私人沙滩。

图 9-10　雷诺广告画面

图 9-11　大众广告画面

任务三　汽车影视广告

一、汽车影视广告

汽车影视广告即以电影、电视广告的形式宣传企业形象、汽车产品。汽车影视广告能将相关汽车企业理念、视觉结合在一起，使汽车企业传递给公众其特殊的、统一的、良好的形象，并且能够传递大量的汽车信息。影视广告是非常奏效而且覆盖面较广的广告传播方法，因为影视广告能使观众自由地发挥对某种商品形象的想象，也能具体而准确地传达吸引顾客的意图；传播的信息也容易使人们达成共识。并且，这种形式各个年龄段的人都容易接受，所以可以说影视广告是覆盖面最大的大众传播形式。

二、汽车影视广告欣赏

2000 年，宝马汽车公司用巨资打造了四部关于 2002 年新款敞篷跑车 Z4 的影视广告。

这部《人质》(如图 9-12)汽车影视广告主要演绎的是 FBI 特工如何驾驶 Z4 争分夺秒地抢救正逐渐沉入水中的女主角的故事。广告中对宝马新车的性能展现得淋漓尽致。无论是特工驾车凌空飞跃街区,还是他倒着车与闻风而来的警察疯狂飙车再到在高速公路上的漂亮漂移,都显示出了 Z4 的可靠性、操纵稳定性及加速性,突显了经典的直列 6 缸发动机和 Steptronic 变速箱的各项性能。仪表板的特写,车身侧面散热腮孔的大幅镜头,更让消费者感受到了宝马主设计师班格勒的设计风格以及 Z4 完美的加速性能。FBI 特工驾车在分离式吊桥分开的刹那急刹车外加漂亮的甩尾,车轮距桥断面不到 2 厘米(如图 9-13),其惊险程度让消费者叹为观止,并领略到宝马 Z4 优越的刹车性能。通过这部影视广告,宝马公司准确地向消费者传达了宝马汽车性能、外观等特性。

图 9-12 宝马 Z4《人质》

图 9-13 宝马 Z4《人质》

克莱斯勒 300C 的影视广告《未来篇》(如图 9-14),一开始,画面展示的是男主人公看着逆流而行的人们和汽车说:“很多人把过去叫作‘以前’,把未来叫作‘以后’,那岂不是一直都在面对过去,背向未来吗?如果无法放眼未来,我又如何迈向成功呢?眼界决定世界,克莱斯勒 300C。”这表现了男主人公与众不同的行为和想法——不去面对过去而是面对未来。接着男主人公开 300C 着驾驶在未来的道路上,从而体现人车结合,给人一种强烈的冲击力,刺激了大众的眼球。广告中呈现的克莱斯勒 300C 的外形复古典雅,线条刚毅饱满,具有高腰线的设计,造就车窗与车身的黄金比例,延伸出尊贵的视觉效果,诠释了当今顶尖豪华车的设计趋向。不仅如此,他同时展现着 300C 的与众不同,全球领先发动机 HEMI V8 及五星级安全碰撞。与众不同的它融合了德美的领先技术,放眼于未来,这样才会走向成功。

图 9-14 克莱斯勒 300C《未来篇》

图 9-15 雪佛兰《心回 Malibu》

在好莱坞巨制汽车影视广告《心回 Malibu》里面,如图 9-15,男主角梁朝伟与搭档雪佛兰迈锐宝演绎了一段激情与热爱一直在延续的本色故事,主线围绕“现在的我”与“戏中的我”的邂逅而展开,由过去与现在的相互追逐推入巅峰。在已播映的故事开场中,歌曲《California

图 9-16 凯迪拉克—赛威《一触即发》

图 9-17 凯迪拉克—赛威《一触即发》

Dreaming》的旋律以及加州的风光难免让人产生了无限的想象。当男主角驾驭雪佛兰迈锐宝驰骋在美国加州 Malibu 的时候，车内响起了音乐，良好的音质及车内的静音效果唤起了他在戏中激情的自我，在美国加州 Malibu 的道路上，他情不自禁地与他的搭档上演了迈锐宝漂亮的过弯、灵敏的加速、急刹车，充分体现了迈锐宝的性能，并让男主角找到了这么多年心中的热爱，于是情不自禁地去追随当年的梦想，伴着音乐向消费者传达了驾驶迈锐宝就会拥有广阔的天地。

汽车广告《一触即发》(如图 9-16)通过 90 秒的“微时间”，讲述了吴彦祖在一次高科技交易中遭遇敌手中途突袭，经殊死较量，终化险为夷，顺利完成任务的故事。电影故事以香港为背景，主角吴彦祖现身酒店交易密码箱，却遭神秘黑衣人组织跟踪追击，危急时刻他纵身从顶楼跃下，与神秘组织展开一场分秒必争的殊死较量。在另一位绝对主角“凯迪拉克—赛威”蕴含着科技与智慧的帮助下，吴彦祖一连闪过顶楼刺客、飞车党、火箭炮三批阻击者，就在化险为夷之时，为了将高科技顺利转送至安全地带，吴彦祖联手女主角 Lisa 使出调虎离山等计策，几经周折终于成功达成目的。

整个广告通过内景拍摄的选择地——香港洲际酒店的行政豪华套房，700 坪的游泳池，顶楼往下看就是维多利亚港，以及男主角全身的行头悉数来自阿玛尼、D&G 等国际一线大牌等每一处细节的衬托都彰显了凯迪拉克—赛威尊贵傲人的底气和大气。当男主角闪过顶楼的刺客落地时，动用了几十部车辆做“群众演员”，凯迪拉克—赛威的车停位置提示，让赛威在众多汽车里脱颖而出，如图 9-17 所示。飙车追逐段落更是彰显了贵气十足的凯迪拉克优越的性能，其独有的安吉星(On Star)系统每一秒的反应都可能决定主角的命运，全程的音控领航让其对不熟悉的路况驾驶自如，全自动的实时车况检测让主角更是信心百倍，凯迪拉克傲然的科技让男主角的任务得以顺利完成。通过 90 秒的惊险刺激的情节，这部广告向消费者完美地展现：凯迪拉克一直是美式风格大气车型的典范之作；其傲然的科技让驾驶者更能随心所欲，优越的性能更加突出了凯迪拉克名副其实的巅峰文化；凯迪拉克永远是豪华轿车里的一把利剑。

图 9-18 福特—新蒙迪欧《皇家赌场》

在众多杰出的汽车影视广告中，还有一种植入式汽车广告，对于汽车产品新投放来说是一个非常不错的广告形式，对于厂家及电影制作方来说，是一个双赢的结果。从营销角度上说，利用影视剧作品对即将上市的新产品进行预热或展示，对于厂家来说，如果策划得当，影视剧的剧情可以更为贴切地展示产品本身的定位及内涵，同时又能够有效地节约产品初期营销的投入。在 2006 年年底上映的“新 007”电影《皇家赌场》中，如图 9-18，一部天蓝色的轿车在沿海公路上连续出现了约 30 秒。2007 年 6 月，这部新车作为福特—蒙迪欧的换代车型面向市场销售，并在欧洲引起轰动，上市不到半个月便销售万辆。

这就是非常典型的借助影视作品植入式广告对新产品进行预热销售的经典案例。福特—新蒙迪欧在剧中出现了大约 30 秒的时间。期间，摄影师多次运用特写、快速移动，以及仰角镜头，将车辆的动感及出色的操控性能表现出来，并且通过当时的声浪及背景音乐来表现车辆的运动化定位，同时，也可以将当时的剧情与车辆本身相结合，使得广告植入与作品浑然一体，既延续了剧情，也展示了产品（如图 9-19）。

图 9-19　福特—新蒙迪欧《皇家赌场》

对于汽车企业而言，在新车型投放前，利用影视剧植入式广告来对产品进行预热，是一个不错的方法。但对于产品本身而言，在前期推广时，更需要注重的是产品本身的内涵与定位，而植入式广告恰恰可以通过剧情、镜头、背景音乐等，将产品本身的需求恰到好处地表现出来。福特恰恰把握住了这一重要因素，充分利用了“007”电影本身的关注度以及剧情需要，将新蒙迪欧恰到好处地融入其中，虽然时间不长，但动过各种技巧，使得观众在领略精彩剧情的同时，也对产品产生了兴趣。

图 9-20　宝马 Mini Cooper《偷天换日》

在《偷天换日》这部电影中，宝马 Mini Cooper（如图 9-20）凭借独特的外观、灵巧的操控性能和出色的安全性能赢得了众多年轻一族的青睐，而出身名门的显赫身份以及周身散发的英国式的尊贵气息，更能让人感受到它的绅士风度。影片中，在城市交通大堵塞后，电影主角驾驶着 Mini，在装甲车与直升机的追逐下，在大街小巷甚至是地铁隧道里完成了一场惊天大逃亡，同时也将 Mini Cooper 的小巧灵活与精准操控性描绘得淋漓尽致。

2007 年，通用汽车借助《变形金刚》的宣传，又一次实现了成功的植入性营销。这一次，通用汽车和导演 Michael Bay 合作，把这部大片硬生生变成了一部通用营销专用片。《变形金刚》的正派主角都变换了模样，选择了通用汽车旗下几个不同的品牌（如图 9-21），大众甲壳虫的大黄蜂变形为雪佛兰，万国牌大卡车的擎天柱变形为彼得比尔特卡车，爵士变形为庞蒂亚克跑车。而通用公司也在此时为自己的品牌营销做了很多努力。通用汽车随真人版《变形金刚》一起在全球登场。而在各种搜索引擎上，只要你输入“变形金刚”，出来的往往就是已经升级换代的通用版变形金刚，通用汽车在世界范围内轰轰烈烈地开展了一次史无前例的植入性营销。

图 9-21　雪佛兰《变形金刚》

任务四　音乐——汽车广告的灵魂

音乐在汽车广告中具有意境塑造和美感雕琢的作用，可以烘托汽车广告的故事情节，传递一种心情，塑造一种意境，渲染一种气氛，给人以美的感受，是汽车广告的灵魂。音乐用非语言的方式传递广告意义，可以提高消费者对汽车品牌和汽车信息的回忆；背景音乐在影视广告中有实际的使用价值，并且具有很高的艺术魅力，能够给人的内心带来宁静、安详之感，缓解压力，放松心情，具有欣赏价值。

2005 年，大众汽车品牌广告“中国路，大众心”中的背景歌曲，是由美国三兄弟组成的“汉森乐队”(Hanson)的作品中令中国观众最为熟悉的。这首 1997 年推出的单曲《我会向你走来》，不愧是深情摇滚的一首歌曲：

当黑夜阴沉
风雨交加
当你迷失方向
无人相伴
不需你向我求援
我自会向你走来
我发誓
无论如何
我都会伴你左右……

图 9-22　大众汽车广告画面

无论对恋人还是对朋友，无论对客户还是消费者，这都是最真挚最坚定的承诺。广告的画面中(如图 9-22)，不断出现着以“心”为底的中国汉字，忠、恳、慧、惠、志等等，都是传统意义上美好的品质与精神，并且搭配着 13 款大众车型，深深抓住了观众的目光，成功地渲染了一种气氛，让观众们领略到大众在用心去为中国人服务。

《Whole World Around》——福特蒙迪欧的广告主题歌，是一首能让人听过之后引起内心的触动，久久沉醉其中的歌曲。充满人生洞察的歌词，起伏跌宕的韵律，诠释着男主人公拥有了家庭之后，自己的生活被另一半占据了全部，放弃了以往的习惯，肩负着养育的责任，缺少了自由，渐渐忘却了真实的自己。歌手 Daniel Powter 不羁的嗓音，将男主人公从眼花缭乱的现实空间中抽离出来，情不自禁地驾驶着蒙迪欧致胜，走入“你所拥有的整个世界”，开车去寻找真实的自己。感受每一个音符带来的心灵撞击的同时，观众也体验着蒙迪欧致胜所带来的全新感觉。正如歌中所唱：

浮华的物质世界看似精彩却是过往云烟
当你懂得敞开心扉

拥抱平凡生活中的每一次心动时刻

你就能坦然迎接一切

拥有整个世界……

歌曲所创造的意境，随着汽车行走的轨迹，无疑对于每一位消费者都带来了全新的体验。驾驶着蒙迪欧致胜离开看似繁华却束缚自己的世界，伴随着歌曲让致胜陪伴自己走一小段路，你会发现真实的你，蒙迪欧致胜将为真实的你前进。画面不断地展示着车内那一个真实的“自己”，寓意着你拥有了蒙迪欧致胜，你就拥有了真正属于你的那个世界。

图 9-23 福特—蒙迪欧致胜广告画面

【知识窗】

汽车广告语大集合

宝马7系汽车广告语——生活艺术唯你独尊

奔驰汽车广告语——领导时代，驾驭未来

奥迪汽车广告语——突破科技，启迪未来

凯迪拉克汽车广告语——将力量、速度和豪华融为一体

富兰克林牌汽车广告语——一辆永远不会给你带来麻烦的汽车

【项目小结】

1.汽车广告的特点是能生动形象地表达汽车的外形、性能，具有说服、诱导消费者购买的能力，传播途径多种多样。

2.欣赏平面汽车广告以及影视汽车广告。

3.汽车广告的本质是传播汽车信息，刺激消费者购买，广告的灵魂是音乐。

【想一想】

1.课后题：你在哪里见过汽车销售广告？是什么形式的广告？请找一则你喜欢的汽车销售广告，并对广告内容作详细的分析。

项目十 汽车技术沿革

【学习目标】

- 了解汽车的各项前沿技术
- 了解汽车各项技术的影响
- 了解技术革新的原因

任务一　我想跑得更快——动力技术

汽车普遍使用四行程发动机。轿车多用汽油发动机，商用车多用柴油发动机。发动机控制技术的发展动力来自两个方面：一是用户对经济性和动力性越来越高的追求；二是政府对排放污染物越来越严的要求。为了达到这些要求，最近十几年发动机技术有了很大的发展。

1. 可变配气正时技术 VVT(Variable Valve Timing)

可变配气正时控制系统就是根据发动机的状态控制凸轮轴转角，通过调整凸轮轴转角对配气时机进行优化，以获得最佳的配气正时，提高进气充量，使充量系数增加，从而在所有速度范围内提高扭矩，并改善燃油经济性，有效提高汽车的功率与性能，减少油耗和废气排放。

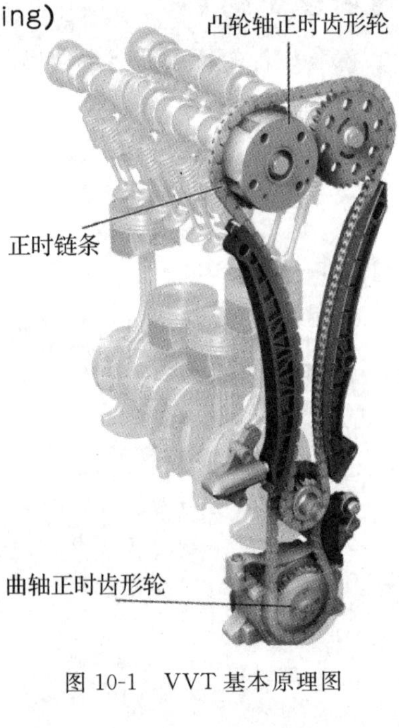

图 10-1　VVT 基本原理图

一般都采用顶置双凸轮轴结构，如图 10-1 所示。一种是仅配置在进气凸轮轴上的；另一种是进、排气凸轮轴上都进行配置。像 BMW 的双可变配气相位系统(Double Vanos System)，就能同时改变进气凸轮轴和排气凸轮轴的相位角，从而获得与转速更匹配的气门叠加角，因此其拥有更高的配气效率。这就是为什么 BMWM33.2 发动机(升功率为 100 马力)拥有比前一代仅配备了进气门可变相位系统的 M33.0 发动机(升功率为 95 马力)更高的性能。

可变配气技术，从大类上分，包括可变气门正时和可变气门行程两大类。发动机的气门行程是受凸轮轴转角长度控制的，在普通的发动机上，凸轮轴的转角长度固定，气门行程也是固定不变的。而采用可变行程技术的发动机，气门行程能随发动机转速的改变而改变。在高转速时，采用长行程来提高进气效率，让发动机的呼吸更顺畅，在低速时，采用短行程，能产生更大的进气负压及更多的涡流，让空气和燃油充分混合，因而提高低转速时的动力性能。本田的 VTEC 和丰田的 VVT-i 是同时具有可变气门正时和可变气门行程的电子控制系统。

目前，正在开发的新一类 VVT 系统中，发动机的凸轮轴被彻底地抛弃了，每个气门，或每几个气门的动作直接由专门的电磁系统驱动，ECU 需要它们怎么动，它们就怎么动，这也正是 VVT 技术追求的最高境界！

2. 废气涡轮增压技术 VTG(Variable Turbine Geometry)

涡轮增压技术是在不改变发动机本体基本尺寸的情况下，有效提高发动机动力输出的有效技术手段。早期使用的机械增压是将增压装置安装在发动机上并由皮带与发动机曲轴相连接，从发动机输出轴获得动力来驱动增压器的转子旋转，从而将空气增压吹到进气歧管里。其优点是涡轮转速和发动机相同，因此没有滞后现象，动力输出非常流畅。但是由于装在发动机转动轴里面，还是消耗了部分动力，增压出来的效果并不高。因此，被广泛应用的是废气涡轮增压系统，其基本原理如图 10-2 所示。

图 10-2　涡轮增压原理

其增压器与发动机无任何机械联系，它是利用发动机排出的废气惯性冲力来推动涡轮室内的涡轮，涡轮又带动同轴的叶轮，叶轮压送由空气滤清器管道送来的空气，使之增压进入气缸。当发动机转速增快，废气排出速度与涡轮转速也同步增快，叶轮就压缩更多的空气进入气缸，空气的压力和密度增大可以燃烧更多的燃料，相应增加燃料量就可以增加发动机的输出功率。一般而言，加装废气涡轮增压器后的发动机功率及扭矩要增大 20%～30%。增压器安装在发动机的排气一侧，所以增压器的工作温度很高，而且增压器在工作时转子的转速可达到每分钟十几万转。

一般说来，这种涡轮只在中转速范围内产生效用，在低速时涡轮增压的效能并不明显，这种现象被称为涡轮迟滞。为解决这一问题，产生了可变截面涡轮增压技术 VTG，其基本原理如图 10-3 所示。

可变截面涡轮增压技术的心脏是可调涡流截面的导流叶片。发动机 ECU 根据发动机的运转状况，给出控制信号调整可旋转导引叶片的角度，将发动机排出的气体通过导引叶片导送至涡轮上。当发动机转速低时，废气压力较低，导流叶片成小角度打开，增大到达废气涡轮的气压压强，推动涡轮敏锐地转动；当引擎转速上升，废气压力逐渐变大，导流叶片的角度也随

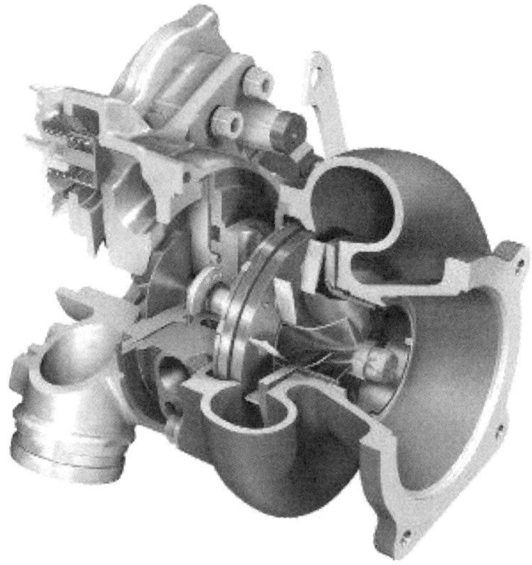

图 10-3　可变截面涡轮增压原理

之变大，当达到全负载的情况下，导流叶片全开，与主体的涡轮叶片形成一个更大型的叶片，将最大的废气量接收，达到更高的转速，从而达到一般大涡轮的高输出效果。

但是，如何根据发动机的状况调整导引叶片的角度，以改善低转速时的响应时间和加速能力，从而达到全面提高发动机动力性能的目的，则需要正确有效的控制策略、标定技术和长期的实践经验积累。

迄今为止，可变截面涡轮增压技术一直用于柴油发动机，采用可变截面涡轮增压技术的汽油发动机在所有转速范围内的效率均明显高于目前采用的标准放气阀式的涡轮增压器。相应地，在各个转速范围内的节油性能也更上一层楼。

2006 年，博格华纳的可变截面涡轮增压技术成功应用于第六代保时捷 911Turbo 后，博格华纳预计在未来十年内该技术将更广泛地应用于汽油发动机。“采用涡轮增压加上燃油直喷技术的汽油发动机将会像柴油发动机一样成功。”博格华纳、霍尼韦尔和霍尔塞特等外资企业以技术和资本优势，抓住我国排放要求越来越严格的机遇，迅速扩大了在中国的市场份额，几乎垄断了高端产品市场。

3. 汽油机缸内直喷技术 GDI(Gasoline direct injection)

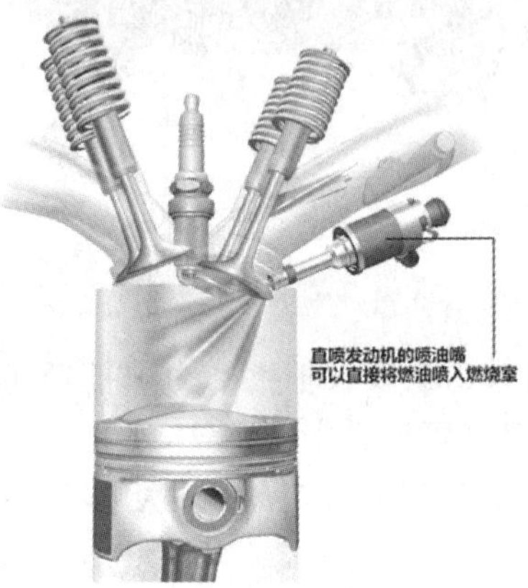

图 10-4　缸内直喷示意图

缸内直喷汽油发动机与一般汽油发动机的主要区别在于汽油喷射的位置，目前一般汽油发动机上所用的汽油电控喷射系统是将汽油喷入进气歧管或进气管道上，与空气混合成混合气后再通过进气门进入气缸燃烧室内被点燃做功；而缸内直喷汽油机是在气缸内喷射汽油，它将喷油嘴安装在燃烧室内，将汽油直接喷注在气缸燃烧室内，空气则通过进气门进入燃烧室与汽油混合成混合气被点燃做功，这种形式与直喷式柴油机相似，因此有人认为缸内直喷汽油机是将柴油机的形式移植到汽油机上的一种创举。

直喷汽油机的构造改变，使供油动作完全独立于进气门与活塞系统之外。在稳定运转或低负载状态下，采用缸内直喷设计的发动机得以进入 Ultra Lean(精实)模式，发动机于进气行程时只能吸进空气，至于喷油嘴则在压缩行程才供给燃料，ECU 也因而拥有更多的主导权。超乎传统喷射理论的稀薄燃烧与更多元的混合比便得以实现，使经济性、动力性和排放特性都得到了进一步的提升。

总之，缸内直喷技术的优势就在于利用自主性极高的喷油系统，来创造出低速节能、中速减污与高速强悍三者兼具的高性价比的汽油发动机。缸内直喷的原创是日本三菱汽车。该公司在 1996 年便曾以代号 4G93 的直列四缸发动机为蓝本，使用了副名为 GDI(Gasoline Direct Injection)的动力系统，并装置于该厂 Galant/Legnum 车系上，随后成功销往欧洲，并出售技术予 PSA 集团。

到了 2001 年时，大众集团也发展出独有的 FSI(Fuel Stratified Injection)缸内直喷系统。近些年，美国的通用、福特以及日本丰田、日产等厂家，也都陆续有相关作品问世，让缸内直喷系统的普遍性日渐提高。

4. 双离合器变速器 DCT(Dual Clutch Transmission)

双离合变速器简称 DCT，英文全称为(Dual Clutch Transmission)，中文翻译过来应该为“直接换挡变速器”，因为其有两组离合器，所以也有不少人干脆就叫它“双离合变速器”。

离合器位于发动机与变速器之间，是发动机与变速器动力传递的“开关”，它是一种既能传递动力，又能切断动力的传动机构。它的作用主要是保证汽车能平稳起步，变速换挡时减轻变速齿轮的冲击载荷并防止传动系过载。在一般汽车上，汽车换挡时通过离合器分离与接合实现，在分离与接合之间就有动力传递暂时中断的现象。这在普通汽车上没有什么影响，但在争分夺秒的赛车上，如果离合器掌握不好动力跟不上，车速就会变慢，影响成绩。

为了解决这个问题，早在20世纪80年代，汽车工程界就弄出了一个双离合系统变速器装配在赛车上，能消除换挡离合时的动力传递停滞现象。例如布加迪EBL 6.4 Veyron的新型7速变速器就是装置了双离合器，从一个挡位换到另一个挡位，时间不会超过0.2秒。现在，这种双离合器已经从赛车应用到一般跑车和轿车上。奥迪汽车公司的新型奥迪TT跑车和新奥迪A3都已经装置了这种DCT。这些汽车装配DCT的目的是可以比自动变速器更加平顺地换挡，不会有迟滞现象。

任务二　不留遗憾——安全技术

图10-5　汽车安全技术应用示意图

汽车安全，一个大家越来越关心的话题。实际上从汽车诞生那一刻开始，汽车安全技术就随着汽车技术的发展而进步，如今汽车安全技术早已经不仅仅是安全气囊、安全带的简单应用，各种电子设备的介入使得汽车安全装置更加的智能化、人性化。

图10-6　决定了汽车安全与否的车身结构

实际上对于汽车，每一个零部件都涉及其安全性，其中不仅仅是那些我们熟知的电子设备，同时也包括汽车所采用的每一块钢板、每一个焊点，甚至每个焊点的位置都影响着汽车安全。另外驾驶员的驾驶习惯、道路配套设施都是和安全紧密相关的。而这些汽车安全性按照事故发生的前后基本可以分为主动安全性和被动安全性两大类。汽车的主动安全性是指事故将要发生时汽车防止事故发生的能力，而被动安全性则是指事故发生时，车辆保护成员和步行者，使损失降到最小的能力。

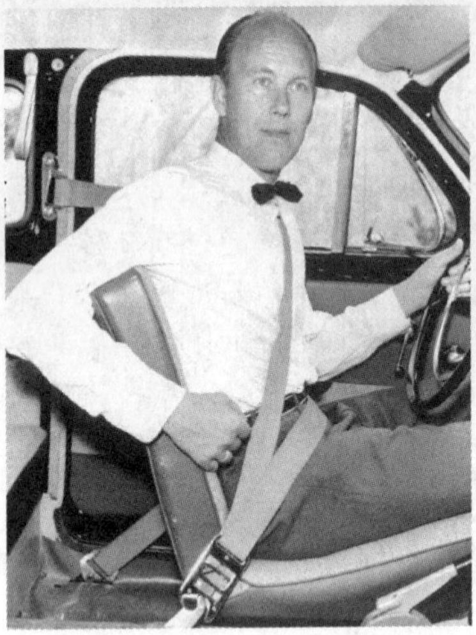

图 10-7　安全带的发明者 Nils Bohlin

一、汽车安全发展进程

汽车在 1886 年诞生，但在诞生之初，汽车上没有安全装置，据说当时人们主要是看钢板结实不结实，技术人员只能研究一下汽车玻璃在破碎后，怎样让它减少尖锐度，避免扎伤乘员，还研究车辆在发生撞击后，如何减少零部件的脱落，降低对乘员造成的危害。

在 1959 年，沃尔沃公司成功研制出了前座三点式安全带；在 1953 年，第一个气囊专利诞生，但是由于当时的技术水平限制，还不能把这种想法或专利付诸实现；而碰撞缓冲区这个概念是 1966 年提出的，大概意思是当汽车发生碰撞时，车辆的前部和侧面钢板能够很好地吸收碰撞时产生的能量；而沃尔沃公司 1970 年开始在轿车上装备儿童安全座椅；到了 1980 年，在部分汽车上安装了安全气囊。可以看出在汽车发展的前期，人们主要关注的是如何在事故发生时将伤害减小到最低。

而在主动安全性方面，各项技术的研发和应用都较晚，其中有代表性的 ABS 技术是英国人霍纳摩尔 1920 年研制发明并申请专利的；1936 年德国博世公司取得了 ABS 专利权；而使用在汽车工业上，时间大概是 20 世纪 50 年代；20 世纪 90 年代初期，当今炙手可热的 ESP 开始被博世发明出来；第一款安装了 ESP 的轿车则是奔驰的产品。

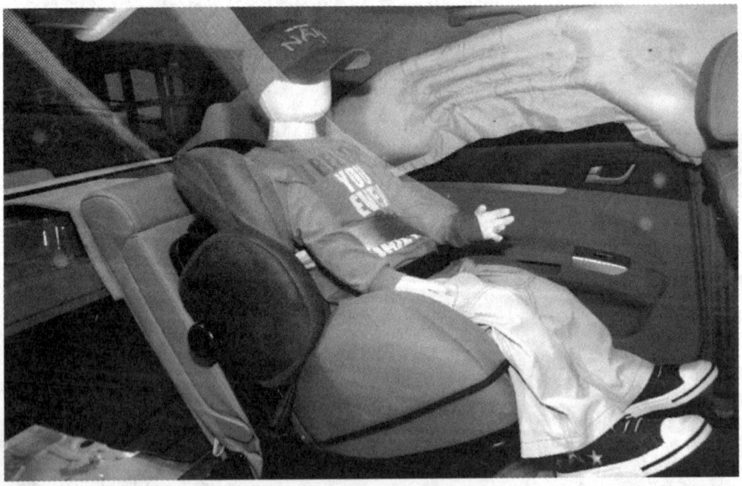

图 10-8　儿童安全座椅

我们都知道，汽车安全被分为主动和被动两个方面，而实际上随着技术的进步，汽车安全不只是简简单单地局限于主动或者是被动安全这一方面，比如奔驰在 2002 年推出的 Pre-Safe 预防性安全系统不但能够提前检测到某些紧急驾驶情况，并会在事故发生时做出反应以降低损失；另外丰田的 G-Book 系统、通用的 On Star 系统除了主动为驾驶者提供安全服务外，更重要的是在事故发生后可以协助驾驶员在第一时间求助。

图 10-9 汽车车身结构

现代汽车的技术发展说明了未来汽车安全将朝着集成化、智能化的方面发展，如何更好地预防事故是厂商和消费者关注的重点，同时发生事故时又要给予很好的保护；另一方面，各种电子设备的运用将使得汽车越来越智能化，大众、奔驰都已经研发出了自动驾驶技术，也很好地保证了汽车的安全性。

1. 被动安全名词解释

车辆的被动安全系统归纳起来可分为安全车身结构和乘员保护系统两大类，其中安全车身结构主要是为了减少一次碰撞带来的危害，而乘员保护系统则是为了减少二次碰撞造成的乘员损伤或避免二次碰撞。

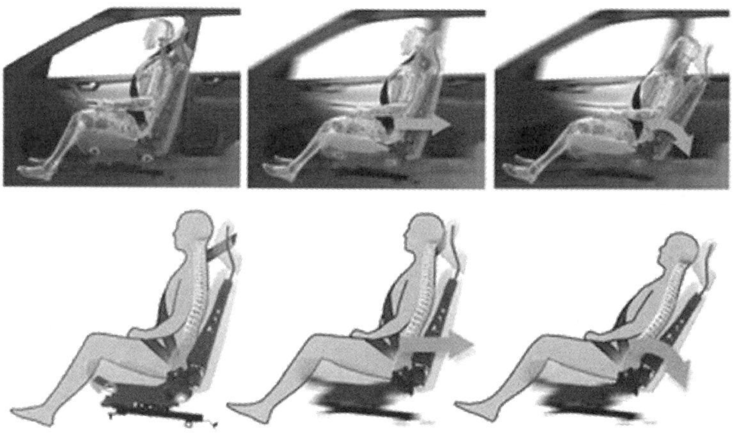

图 10-10 乘员头颈保护系统

我们常说的安全带、安全气囊、儿童安全座椅、吸能防伤转向机构等等都是被动安全装置。在之前的内容中，我们已经介绍了相关技术，在此我们不再赘述。当然，读者们也可以通过互联网查询相关的安全知识和技术原理。

2. 主动安全名词解释

通常，汽车主动安全系统可分为车轮防抱死制动系统、电子控制制动系统、驱动防滑系统、电控悬架系统、电控动力转向系统、车辆动力学控制系统等多项控制技术系统。由于主动控制系统所涉及的装置较多，在此我们只简单介绍部分技术，抛砖引玉，更多的内容可以在空闲时间通过互联网查找。

①车轮防抱死制动系统（ABS）：通过将制动器制动力调节到与路面所能提供给轮胎的附着力相适应的程度，达到防止车轮在紧急制动期间抱死的目的，防止车辆侧滑和甩尾。

②牵引力控制系统（ASR）：其作用是当汽车加速时将轮胎滑动率控制在一定的范围内，从而防止驱动轮因为滑动而损失动力或因为过大动力输出造成一些安全问题。它的功能一是提高牵引力；二是保持汽车的行驶稳定。行驶在易滑的路面上，没有 ASR 的汽车加速时驱动轮容易打滑；如是后驱动的车辆容易甩尾，如是前驱动的车辆容易方向失控。有 ASR 时，汽车在加速时就不会有或能够减轻这种现象。

③电子稳定控制系统（ESP）：电子稳定控制系统其实就是牵引力控制系统的升级版本，牵引力控制系统只对驱动轮的动力输出进行控制，而电子稳定控制系统则会对四个轮子都进行控制。电子稳定控制系统是通过对四个车轮进行必要的制动来达到稳定车身的目的。

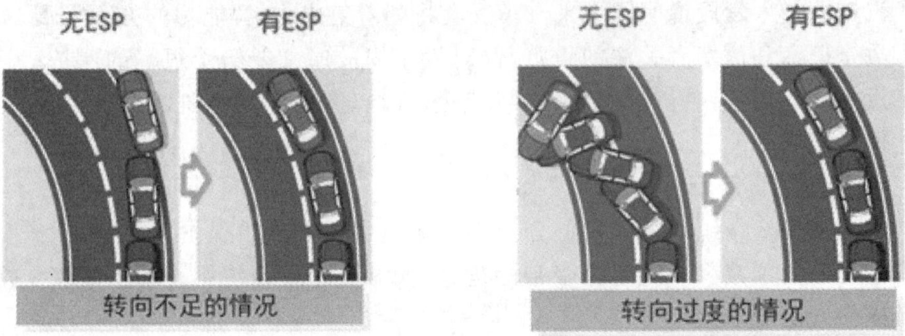

图 10-11　有无 ESP 的对比

④自适应定速巡航系统：包含速度控制系统、自动驾驶系统等。其作用是：按司机要求的速度闭合开关之后，不用踩油门踏板就能自动地保持车速，使车辆以固定的速度行驶，并具有“跟车”功能，与前面的车自动调整跟车距离和速度，确保有一定的安全距离范围。

⑤灯光随动转向系统（AFS）：该系统能够根据行车速度、转向角度等自动调节大灯的偏转，以便能够提前照亮“未到达”的区域，提供全方位的安全照明，确保夜间转弯行车的安全。

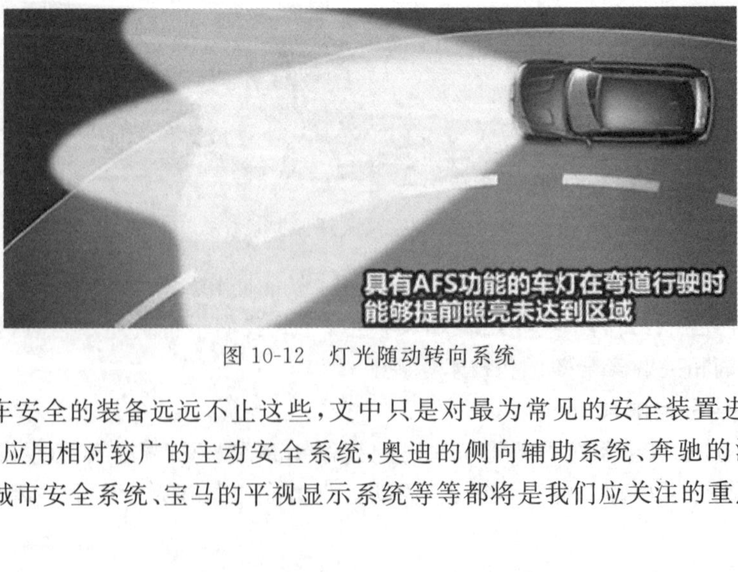

图 10-12　灯光随动转向系统

当然，汽车安全的装备远远不止这些，文中只是对最为常见的安全装置进行了简述，除了以上谈到的应用相对较广的主动安全系统，奥迪的侧向辅助系统、奔驰的注意力辅助系统、沃尔沃的城市安全系统、宝马的平视显示系统等等都将是我们应关注的重点。

图 10-13　沃尔沃的城市安全系统——低速自动刹车

任务三　谁帮我开车——智能技术

随着电子信息技术的飞速发展，形形色色的智能技术在汽车上得到了广泛应用，充分体现出其安全、舒适、方便、快捷的优越性能，为现代汽车的发展增添了不少的“魅力”。

1. 汽车 GPS 技术的应用

GPS(GlobL Pilot System)全球导航系统也称全球卫星定位系统。它是依靠地球周围的 24 颗定位卫星，不断地对地面发射三维位置、三维速度的电子信息，然后通过地球上安装的相应的接收设备接收到这些信息，并用中转帧继续设备进行分析，从而判定发射信息的物体所处方位的一种定位系统。

图 10-14　GPS 导航仪

GPS 的主要功能大致有以下几个方面：

实时显示汽车在预先制定的电子地图中的位置、行驶速度，以及与目的地之间的距离。输入目的地后自动生成一条去目的地的最佳行驶路线，并在转弯时用语言提醒用户，使用户去任何地方都不用问路，便可直接到达；随时可查询沿途的酒店、商店、加油站、修理厂、车站、码头等，为用户提供方便；可在汽车遭遇抢劫后，在指定范围内停止发动机的运行，并把汽车所处的位置报告警察；停车后可用其播放音乐或 VCD。汽车 GPS 导航系统主要由两部分组成，一部分是由安装在原车上的 GPS 接收机和显示设备组成；另一部分是由计算机控制中心组成。两者之间通过定位卫星进行联系。

2. 汽车智能避撞系统

汽车避撞技术首先解决的问题是汽车之间的安全距离问题。汽车与汽车之间超过了这个安全距离，就能自动报警，并采取制动措施。目前测定汽车之间安全距离的方法有三种：超声波测距、微波雷达测距和激光测距。超声波测距就是利用超声波的反射特性。超声波发生器发射出的 40 千赫兹超声波在遇到障碍物后产生反射波，超声波接收器接收到反射波信号，并将其转换成电信号。微波雷达测距就是利用目标对电磁波的反射来发现目标并测定其位置。激光测距的工作原理与微波雷达测距相似，具体的测距方式有连续波测距和脉冲波测距两种。

超声波汽车倒车避撞报警器是利用超声波回声测距的原理，测量车后一定距离内的物体。

汽车避撞雷达是通过对电磁波发射后遇到障碍物反射的回波进行不断检测和计算，经过分析判断，对构成危险的目标按程度不同进行报警，控制车辆自动减速，直到自动刹车。

激光雷达避撞装置是防追尾碰撞的激光报警装置，该装置结构包括发光部、受光部、计算车间距离的激光雷达、信号处理电路、显示装置、车速传感器等。激光镜头使脉冲的红外激光束向前方照射，并利用汽车后部分反光镜的反射光通过受光装置检测其距离，使用汽车反光镜，检测距离约为100米，最大检测宽度3.5米以上。控制部分微机进行下列运算：本车车速、前方行驶车辆车速和车间距离，根据对车间距离和安全车间距离的比较发出警报声并闪烁报警灯。显示装置可在仪表盘上进行距离显示。

最早的前方用激光雷达都是发出多股激光光束，并依靠前行车反光镜的反射时间来测定其距离。但是由于要对前方车辆进行辨别，因此开始采用扫描式激光或雷达。这样不但可测出前方车的距离，而且其横向位置也可以检测出来。随着此项技术的进一步发展，可使扫描角度达到360度。如果在车辆四角设置类似的扫描式激光雷达，那么车辆四周的障碍物都可以测出。

3. 汽车智能“黑匣子”

汽车智能“黑匣子”能客观地记录机动车辆发生车祸前司机的操作过程，有效地提供驾驶员在事故发生前做出的种种反应。据称，交通事故处理部门安装这种系统后，可随时对穿行在各条公路上的所有汽车进行实时监控，一旦发生车祸，离事故发生地点最近的交通事故处理中心可以在几秒钟之内获取撞车时的驾驶速度、车内乘客伤亡情况等信息。

这种“黑匣子”与普遍烟盒差不多大，构件包括可以储存、收集和传输数据的蜂窝电话装置和外部的保险装置。车祸发生后，“黑匣子”会自动打开，利用传感器记录下汽车的行驶速度以及出车祸时汽车的撞击位置，然后将这些信息传输给中央通信系统。“黑匣子”内部嵌有全球定位系统，该系统负责数据的处理与传输。

4. 汽车智能驾驶系统

汽车智能驾驶系统相当于机器人，能代替人驾驶汽车。它主要通过安装在前后保险杠及两侧的红外线摄像机，对汽车前后左右的一定区域进行不停的扫描和监视，车内计算机、电子地图、光化学传感器等对红外线摄像机传来的信号进行分析计算，并根据道路交通信息管理系统传来的交通信息，代替人的大脑发出指令，指挥系统操作汽车。

5. 汽车智能轮胎

汽车智能轮胎是在轮胎内装有计算机芯片或将芯片与轮胎相连接。计算机芯片能自动监控并调节轮胎的行驶温度和气压，使轮胎在不同条件下都能保持最佳的运行状况，既提高了安全系数，又节省了开支。更先进的智能轮胎还能在探测出结冰的路面后变软，使牵引力更好；在探测出路面的潮湿程度后，还能自动改变轮胎的花纹，以防打滑。

6. 汽车智能悬架

智能悬架系统由电子装置控制，可根据路面情况，调节悬架弹性元件的刚度和减震器的阻力，使震动和冲击迅速消除。此外，智能悬架还可以自动调节车身的离地高度，即使汽车在崎岖的路面上行驶也不会出现行车不畅的情况，而使乘客倍感平稳和舒适。

7. 汽车智能钥匙

奔驰 CLK 双门轿车已采用了智能钥匙。这种智能钥匙能发射出红外线信号，既可打开车门、行车箱和燃油加注孔盖，也可以操纵汽车的车窗和天窗。更先进的智能钥匙则像一张信用卡，当司机触到车门把手时，中央锁控制系统便开始工作，并发射一种无线查询信号，智能钥匙作出正确反应后，车锁会自动打开。同时，只有当中央处理器感到钥匙卡在汽车内时，发动机才会启动。

8. 汽车智能安全气囊

汽车智能安全气囊是在普通安全气囊的基础上增设传感器和与之相配套的计算机软件而成。其重量传感器能根据重量感知是大人还是小孩；其红外线传感器能根据热量探测座椅上是人还是物体；其超声波传感器能探明乘员的存在和位置等。计算机的软件则能根据乘客的身体、体重、所处的位置、是否系安全带以及汽车碰撞速度、碰撞程度等及时调整气囊的膨胀时机、膨胀速度、膨胀程度，使安全气囊对乘客提供最合理和最有效的保护。

9. 汽车智能空调

智能空调系统能根据外界气候条件，按照预先设定好的指标对车内的温度、湿度、空气清洁度进行分析、判断，及时自动打开制冷、加热、去湿及空气净化装置，调节出适宜的车内空气环境。

10. 汽车夜视系统

英国牛津大学发明了汽车夜行器，本系统利用红外线技术能将黑暗变得如同白昼，使驾驶员在黑夜里看得更远更清楚。夜视系统的结构由两部分组成：一部分是红外摄像机，另一部分是挡风玻璃上的光显示系统。装上这种夜行器后，司机通过光显示系统可像白天一样看清路况。当两车交会时，它可以大大降低前方汽车前灯强光对司机视觉的不良刺激，还可以提高司机在雾中行车的辨别能力。为看清车后的情况，研制人员又研制出一种新型后视镜，当后方车的大灯照在前方车的后视镜上时，自动感应装置可随之使液晶玻璃反光镜表面反光柔和，使驾驶者不眩目。

11. 司机分神监视系统

澳大利亚一家公司研制出一种装在汽车仪表盘上的监视系统。它能利用目光跟踪技术判断司机是否在注意路况，在司机打瞌睡时及时发出提醒。这种监视系统采用两个摄像机，可持续不断地观察司机的面部，包括耳朵、鼻子和下巴的方位，据此来计算眼睛所处的位置，追踪其眼白和虹膜的状态。然后这一系统将当前虹膜的形状与计算机模型进行对比，分析司机的视线方向，判断司机是否注意路面。

任务四　永不寂寞——汽车娱乐技术

经过 100 多年的发展，汽车已经摆脱了纯粹代步工具的地位，从单一功能走向了多功能之路。与汽车的发展情况类似，车载娱乐信息系统同样经历了从单一向多元、多功能的发展过程。特别是近年来，伴随着汽车消费的迅速增长，车载娱乐信息系统的发展显现出异常强劲的上升势头。据相关机构统计，在我国，车载娱乐信息系统的年增长率高达 30%，就全球范围而言，车载娱乐信息系统的市场规模极有可能在 2013 年前突破 360 亿美元大关。对车载娱乐信息系统的高速发展,很多读者会问,车载娱乐信息系统包括哪些内容?它的发展过程是怎么样的?未来它又将走向何方?面对这样的问题,不妨就让我们来学习一下车载娱乐信息系统的进化历程。

1. 收音机时代

收音机作为一件影响人类发展进程的发明创造,也是车载娱乐信息设备的鼻祖。随着1923年美国首先出现了装配无线电收音机的轿车,一个全新的时代就此开启,人们由此进入了汽车娱乐的时代。应该说,在收音机未被安装到汽车上以前,不论驾驶者还是乘坐者,闲聊或是观看窗外风景是他们在驾乘时唯一可以选择的娱乐方式,而收音机的到来彻底改变了这样的状况,娱乐成为汽车生活中的重要组成部分。虽然车载娱乐信息系统几经变化,但它依旧是汽车不可或缺的部分。

2. 卡座时代

1963年是一个里程碑式的时间节点,在这一年,荷兰飞利浦公司发明了盒式(卡式)磁带。作用一项对人类生活影响深远的发明,盒式(卡式)磁带连同盒式(卡式)磁带录音机已经成为人类生活中永不磨灭的印记。在盒式(卡式)录音机发明不久之后,车用盒式(卡式)收放两用机出现在轿车上,至此,以一个盒式(卡式)收放两用机及一对扬声器为基础组成的轿车音响成为了车载娱乐信息设备的标准配置,并且这样的状况一直延续到了20世纪80年代末。

图 10-15　车载收音机与卡座

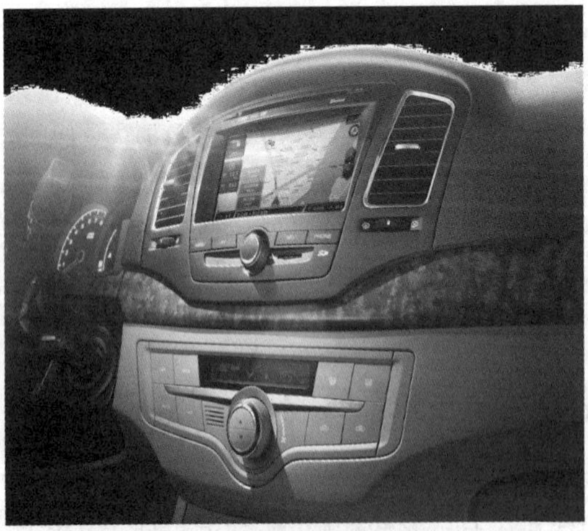

图 10-16　车载 DVD

3. 数字时代

随着技术的发展,在20世纪90年代,人类迎来了数字时代,以CD、VCD等为代表的数字娱乐设备相继面世。由此,车载娱乐信息设备迎来了大发展时期。特别是近年来,随着DVD、GPS导航、蓝牙等多功能综合产品、技术的出现,车载娱乐信息设备的发展正沿着多功能、网络化、智能化的轨迹演变,并且越来越高度整合。

4. 3G 智能网络行车系统

车载娱乐信息系统的全新产品——3G智能网络行车系统。应该说,3G智能网络行车系统的出现,其意义不亚于收音机对于汽车的贡献,作为一款全新的高科技产品,它令汽车成为一个移动的信息平台,实现了与互联网的真正无缝衔接,将汽车由“个体的数字化”转向“群体的网络化”,真正开启了汽车信息化时代的大门。

与传统车载娱乐信息系统相比，3G 智能网络行车系统不再局限于收音机、音乐、GPS 导航等内容，而是通过车载终端、客服中心和云计算网络平台三个部分，构建起一个“三位一体”的架构，并通过这三个部分的紧密联系和相互协作，为消费者提供了一个集信息、娱乐，以及服务等诸多内容于一体的、完整的娱乐信息体系。

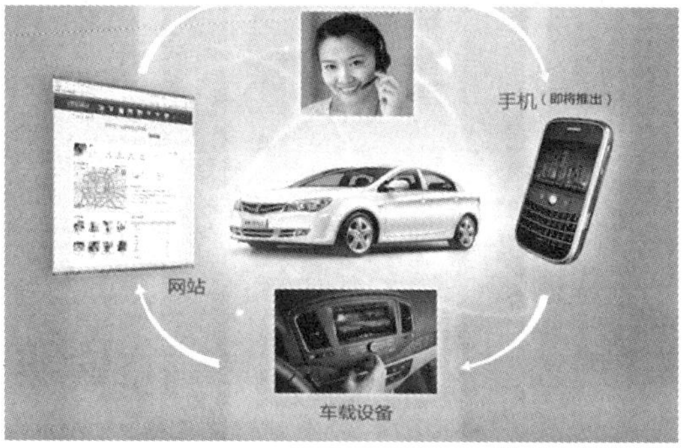

图 10-17　3G 智能网络行车系统

另外，基于驾驶车辆安全的考虑，与视觉相关的车载娱乐功能相对弱化，而与“听”相关的娱乐功能则被突出强化，而这点也正是收音机能屹立近百年而未被淘汰的主要原因。不过，纵观车载娱乐系统，从最早的卡带到车载 CD，再到车载 DVD/MP3 等高端产品，变化的都是播放载体，在内容上并没有什么特别的变化。但随着 3G 智能网络行车系统的出现，消费者不仅能享受到强化后的听音乐、听电台等功能，更能体验到众多与“听”相关，并且是独一无二的娱乐体验。例如：听资讯、听书、卡拉 OK 等，甚至还有语音聊天。应该说，3G 智能网络行车系统不仅大大拓展了车载娱乐的范畴，更是为车主带来了从未拥有过的“听”体验。

如果说，收音机代表着过去；CD、DVD、MP3 代表的是现在；那么 3G 智能网络行车系统则代表了未来。随着科学技术的不断发展，以 3G 智能网络行车系统为代表的新一代汽车娱乐信息系统已经成功地将计算机软件、无线通讯、多媒体等技术手段融于一体，进而实现了多媒体娱乐、GPS 定位导航、无线上网等功能的综合运用。应该说，在提高驾驶安全性和舒适性方面，3G 智能网络行车系统已经开了一个好头，并将引领整个车载娱乐信息系统走向未来。

任务五　拥有蔚蓝天空——汽车环保技术

当铺天盖地的关于电动车的新闻涌入我们的大脑时，人们似乎已经意识到汽车行业的未来将被电动车主宰。国家的扶持、政府的补贴政策都将加速这一进程的实现。而在充电站林立之前，电动车又显得那样“不靠谱”，毕竟加油要比充电更实际、更便捷。

虽然目前各汽车厂商已经拥有较成熟的电动技术，但在纯电动车完全取代传统能源之前，必然会有个过程，只是不知道这段旅程有多远。电动也好，混合动力也罢，说到底就是为了让车辆能够实现低碳、节能环保，下面我们就来谈谈各大厂商所采取的低碳技术策略。

1. 缸内直喷技术

在近来各厂采用的发动机科技中，最炙手可热的技术非缸内直喷莫属。这套由柴油发动机衍生而来的科技目前已经大量使用在大众、奥迪、宝马、梅赛德斯-奔驰、通用以及丰田车系上。

缸内直喷技术，是指将喷油嘴设置在进排气门之间，高压燃油直接注入燃烧室平顺高效地燃烧。缸内直喷技术又称燃料分层喷射技术（Fuel Stratified Injection，FSI），代表着传统

图 10-18 奥迪 TDI 发动机

汽油引擎的一个发展方向。传统的汽油发动机是通过电脑采集凸轮位置以及发动机各相关工况从而控制喷油嘴将汽油喷入进气歧管。但由于喷油嘴离燃烧室有一定的距离，汽油同空气的混合情况受进气气流和气门开关的影响较大，并且微小的油颗粒会吸附在管道壁上，所以希望喷油嘴能够直接将燃油喷入气缸。FSI 就是大众集团开发的用来改善传统汽油发动机供油方式的不足问题技术，先进的直喷式汽油发动机采用类似于柴油发动机的供油技术，通过一个活塞泵提供所需的 10 兆帕以上的压力，将汽油提供给位于气缸内的电磁喷射器。然后通过电脑控制喷射器将燃料在最恰当的时间直接注入燃烧室，其控制的精确度接近毫秒。其关键是考虑喷射器的安装，必须在气缸上部留给其一定的空间。由于气缸顶部已经布置了火花塞和多个气门，已经相当紧凑，所以将其布置在靠近进气门侧。由于喷射器的加入，导致了对设计和制造的要求都相当的高，如果布置不合理、制造精度达不到要求导致刚度不足甚至漏气只能得不偿失。另外 FSI 引擎对燃油品质的要求也比较高，目前国内的油品状况可能很难达到 FSI 引擎的要求，所以部分装配了 FSI 的进口高尔夫出现了发动机“水土不服”的情况。燃油的充分利用不仅提高了燃油的利用效率和发动机的输出，而且改善了排放。

2. 废气再循环技术 EGR

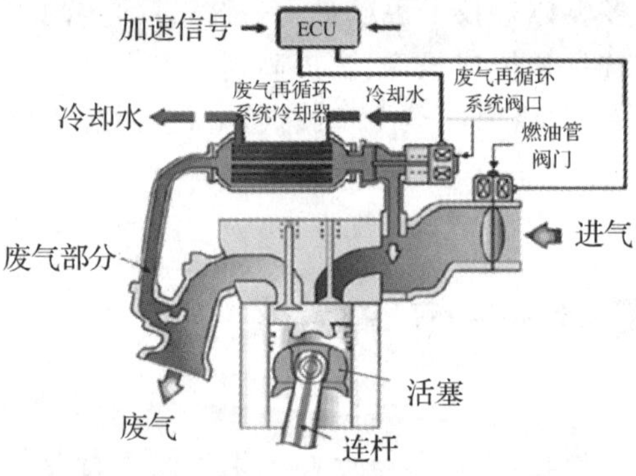

图 10-19 废气再循环(EGR)原理

采用废气再循环技术(EGR)的目的是为了降低废气中的氧化氮(NO_x)的排出量。氮和氧只有在高温高压条件下才会发生化学反应，发动机燃烧室内的温度和压力满足了上述条件，在强制加速期间更是如此。

当发动机在负荷下运转时，EGR 阀开启，使少量的废气进入进气歧管，与可燃混合气一起进入燃烧室。怠速时 EGR 阀关闭，几乎没有废气再循环至发动机。汽车废气是一种不可燃气体(不含燃料和氧化剂)，在燃烧室内不参与燃烧。进入燃烧室的废气量随着发动机转速和负荷的增加而增加。

发动机控制 ECU 根据发动机的转速、负荷(节气门开度)、温度、进气流量、排气温度控制电磁阀适时地打开，使排气中的少部分废气经 EGR 阀进入进气系统，与混合气混合后进入气缸参与燃烧，降低了燃烧时气缸中的温度，因 NO_x 是在高温富氧的条件下生成的，故抑制了 NO_x 的生成，从而降低了废气中的 NO_x 的含量。但是，过度的废气参与再循环，将会影响混合气的着火、性能，从而影响发动机的动力性。因此，EGR 的控制策略和标定经验就变得很关键，成为发动机控制技术的一项重要内容。

3. 柴油机高压共轨

越来越严格的排放标准，推动着发动机技术的发展。对于汽油发动机，由于技术相对成熟且有后续处理，因此满足目前排放国 IV 和国 V 标准的难度不大。对于柴油发动机，降低颗粒 PM 和氮氧化合物 NO_x 而达到国 IV、国 V 的排放标准，需要在技术上有所突破，柴油机高压共轨电控直喷系统是最为有效的系统之一。

高压共轨系统实现了压力建立和喷射过程的分离，从而使控制过程更具有柔性，能更准确地实现小油量的精确控制，更好地实现多次喷射。目前的共轨压力已经由 160 兆帕向 200 兆帕进步，由于采用了高压喷射促进了喷油的微粒化，对因 NO_x 降低对策（如 EGR）而恶化的性能和 PM 的减少极为有效。

柴油共轨系统已开发了三代。第二代共轨高压泵总是保持在最高压力，导致能量的浪费和很高的燃油温度。第三代可根据发动机需求而改变输出压力，并具有预喷射和后喷射功能。早期喷射实现稀薄预混合对降低 NO_x 和 PM 作出贡献的同时，与主喷射前的喷射相结合，可缩短滞燃期、抑制压力升高以及降低振动噪声；主喷之后的后喷射活跃了后期燃烧，促进了 PM 的再燃烧，这一后喷射的目的是向排气中供给未燃燃油，以便后处理装置发挥其功能。

4. 涡轮增压直喷柴油发动机

TDI 是英文 Turbo Direct Injection 的缩写，意为涡轮增压直接喷射（柴油发动机）。为了解决直接喷射的先天不足，人们在柴油机上加装了涡轮增压装置，使得进气压力大大增加，压缩比一般都到 10 以上，这样就可以在转速很低的情况下达到很大的扭矩，而且由于燃烧更加充分，排放物中的有害颗粒含量也大大降低。

图 10-20 奥迪 TDI 发动机

TDI 技术使燃油经由一个高压喷射器直接喷射入气缸，因为活塞顶是一个凹陷式的碗状设计，燃油会在气缸内形成一股螺旋状的混合气。

宝来 TDI 装备的大众集团首创的直喷式涡轮增压柴油发动机技术十分先进，而且采用了多项先进技术，例如泵喷射系统、可调叶片式涡轮增压器等等都是首次在国产轿车上应用，其中，最新的高压燃油喷射技术——泵喷射系统，使柴油与空气混合更充分，燃烧更彻底；同时采用氧化型催化反应器，大大降低了 CO、HC、颗粒的排放，其中 CO_2 的排放量与同排量汽油车比可降低 30%。另外，采用 EGR 系统，大大降低了 NO_x 产生，其排放指标满足欧Ⅲ标准。

受欧洲日渐严苛的环保法规影响，柴油引擎的科技已一日千里，现今的技术不但能将污染减至最低，柴油引擎更已悄悄地利用其傲人的优势，成为人类移动科技的新主流；因此，不但在欧洲已有高达43.7%的新车车主会选购柴油车款，而且甚至每两部大众出厂的车辆中，就有一部是TDI柴油车，而这也正说明了大众柴油引擎除了具有极高的市场接受度，也已俨然成为未来购车的趋势。

5. **混合动力技术**

混合动力汽车(Hybrid Electrical Vehicle，简称HEV)是指同时装备两种动力来源——热动力源(由传统的汽油机或者柴油机产生)与电动力源(电池与电动机)的汽车。通过在混合动力汽车上使用电机，使得动力系统可以按照整车的实际运行工况要求灵活调控，而发动机保持在综合性能最佳的区域内工作，从而降低油耗与排放。

图10-21 混合动力车基本原理

目前世界上已经有70余种车型的电池燃料汽车问世，在国外最热门、销量最大的新能源车就是混合动力汽车。1997年，第一款量产混合动力车普锐斯推向日本市场，当年售出1.8万辆。1999年，本田混合动力双门小车Insight在美国推出，受到好评。2007年年底，美国权威机构Autodata的统计数据显示，2007年10月，美国混合动力车的销售量与上一年相比，同期增长了30个百分点，销售量为24 443辆。混合动力车型甚至成了平淡的美国汽车市场的一大亮点。2007年5月17日，丰田混合动力车全球累计销售突破100万辆。"领跑者"——日本车企，在欧美把重点放在比较远的氢动力，或者很现实地提高传统发动机技术之时，日本车企在混合动力上的成就让它们目前成为新能源的领跑者，如今，丰田的混合动力车在全球的销量已经超过了120万辆。业内，普遍认为采用氢动力是汽车发展的理想目标，而混合动力被认为是目前最好的过渡产品，丰田、本田在这个领域大有所获，不仅得到了商业利益，也收获了环保节能的美誉。

图10-22 丰田普锐斯混合动力车

【知识窗】

汽车车身上的部分技术标志

1. FSI:燃油分层喷射，它是大众汽车直喷发动机的标志代码；TFSI 就是带涡轮增压(T)的 FSI 发动机，简称 TFSI，一般奥迪系列车型会这么称呼，大众系列直喷且带增压的发动机简称为 TSI。

2. VVT:VVT(Variable Valve Timing)为可变气门正时系统。该系统通过配备的控制及执行系统，对发动机凸轮的相位进行调节，从而使得气门开启、关闭的时间随发动机转速的变化而变化，以提高充气效率，增加发动机功率。

3. TDI:TDI 是英文 Turbo Direct Injection 的缩写，意为涡轮增压直接喷射(柴油发动机)。

4. ESP 系统实际是一种牵引力控制系统，与其他牵引力控制系统比较，ESP 不但控制驱动轮，而且可控制从动轮。因为 ESP 是博世公司的专利产品，所以只有博世公司的车身电子稳定系统才可称之为 ESP。在博世公司之后，也有很多公司研发出了类似的系统，如日产研发的车辆行驶动力学调整系统(Vehicle Dynamic Control，简称 VDC)，丰田研发的车辆稳定控制系统(Vehicle Stability Control，简称 VSC)，本田研发的车辆稳定性控制系统(Vehicle Stability Assist Control，简称 VSA)，宝马研发的动态稳定控制系统(Dynamic Stability Control，简称 DSC)等等。

【项目小结】

1. 混合动力汽车(Hybrid Electrical Vehicle，简称 HEV)是指同时装备两种动力来源——热动力源(由传统的汽油机或者柴油机产生)与电动力源(电池与电动机)的汽车。

2. GPS(Globl Pilot System)全球导航系统也称全球卫星定位系统。它是依靠地球周围的 24 颗定位卫星，不断地对地面发射三维位置、三维速度的电子信息，然后通过地球上安装的相应的接收设备接收到这些信息，并用中转帧继续设备进行分析，从而判定发射信息的物体所处方位的一种定位系统。

【想一想】

1. 除了列举出来的，还有哪些汽车安全技术？请列举一二。
2. 与同学讨论，太阳能汽车离我们日常生活还远吗？
3. 列举你所听说过的新能源汽车。

参考文献

[1]谭本忠,陈聪.汽车文化.北京:机械工业出版社,2008

[2]任惠珠.汽车文化.北京:中国劳动社会保障出版社,2010

[3]汽车技术编辑组.世界汽车识别代号(VIN)技术规范手册.北京:人民交通出版社,2004

[4]李青.汽车文化.北京:人民交通出版社,2010

[5]陈开考.汽车文化.杭州:浙江大学出版社,2007

[6]李青,刘新江.汽车文化.北京:人民交通出版社,2011

[7]谢攀.百年汽车史话丛书.北京:机械工业出版社,2007

[8]凌永成.现代汽车与汽车文化.北京:清华大学出版社,2005